To my dear wife Lynn, whose love and
Support was a constant source of motivation.
Thank you.

Bibliografische Information der Deutschen Nationalbibliothek:
Die Deutsche Nationalbibliothek verzeichnet diese Publikation in
der Deutschen Nationalbibliografie; detaillierte bibliografische
Daten sind im Internet über dnb.dnb.de abrufbar.

© 2018 Walter Woelker
Herstellung und Verlag: BoD – Books on Demand, Norderstedt
ISBN 978-3-7528-5464-0

Verantwortung, was ist das heute?

Man kann ruhig zugeben, dass man als Zeitungsleser extrem selten, wenn überhaupt, über den wirklichen Inhalt des Begriffs „Verantwortung" nachgedacht hat. Sinnvoll wäre es, denn überall wird mit diesem Begriff oberflächlich, oft geradezu „unverantwortlich" argumentiert und das hat häufig unmittelbare Auswirkungen auf unser Leben und das Leben unserer Angehörigen.

Von „Verantwortung" spricht man bekanntlich nicht nur bei den Eltern, der Schule, dem Staat und bei den Religionsgemeinschaften, sondern auch in der Wirtschaft, in der Wissenschaft und im politischen Handeln. Und es gibt noch mehr Sparten, in denen dieser offenbar recht ungenaue und facettenreiche Begriff auftaucht. Aus der Presse erfahren wir dieser Tage, dass ein früherer Bundesinnenminister für die damaligen Aktivitäten einer „Neonazi-Terrorzelle" „einen Teil der politischen Verantwortung" übernommen habe[1].

Was bedeutet diese „Verantwortung" - ist damit eher „Schuld" gemeint? Und welche Folgen hat diese Übernahme über eine rein formale Erklärung der Zuordnung hinaus? Die totale sprachliche Unschärfe dieses Begriffs wird schon darin deutlich, dass viele Politiker, heute mehr noch als früher, immer wieder fordern, dass der Bürger „mehr Verantwortung" übernehmen

---

[1] dpa in Nordbayerischer Kurier (NK) v. 16/17.03. 2013.

müsse, wobei an erster Stelle gemeint ist, dass er für die Daseinsvorsorge viel mehr aus *eigener* Tasche bezahlen soll.

Wenn man sich informieren will, was der Begriff „Verantwortung" bedeutet, greift man in modernen Zeiten zum Lexikon - oder besser noch: zu mehreren Lexika, auch im Internet. Da ist zum Beispiel die Rede von „verantworten" als *„einstehen, sich recht-fertigen für etwas"*, und „Verantwortung" wird beschrieben mit *„Beschluss, Erklärung, Pflicht, die Folgen zu tragen".* [2]
Wikipedia beispielsweise beschreibt den Bereich *„Verantwortung in der Wirtschaft"* wie folgt:
„Mit Wirtschaft wird der gesamte Lebensbereich beschrieben, in dem der Mensch Waren und Dienstleistungen austauscht, um seine ökonomischen Bedürfnisse zu befriedigen. In diesem Feld der Lebenswelt gibt es eine Vielzahl von Rollen, die verschiedene Menschen einnehmen, sodass sich auch sehr unterschiedliche Arten von Verantwortung ergeben. Diese Fragen werden in der Wirtschaftsphilosophie und in der Wirtschaftsethik thematisiert und mit unterschiedlichen weltanschaulichen Perspektiven diskutiert.

---

[2] Mackensen „Dt. Wörterbuch". Südwestverlag München, 1983; ebenso zum Begriff ‚Verantwortung' in www.definero.de/Lexikon/Verantwortung: „Verantwortung ist die Bereitschaft beziehungsweise Pflicht für eigene oder fremde Handlungen die Folgen zu tragen" (Stand: 08.07.2013).

4

Bezogen auf einzelne Unternehmen wird die Frage der Verantwortung unter dem Stichwort der ‚Corporate Social Responsibility' besprochen. Die Verantwortung von Unternehmen wird dabei häufig an den Interessen der durch die Aktivität des Unternehmens Betroffenen, der Shareholders diskutiert. Hierzu zählen neben den Eigentümern die Mitarbeiter, die Kunden und Lieferanten, die Bürger der lokalen Gemeinden, in denen das Unternehmen tätig ist, der Staat als Empfänger von Steuern und auch die Umwelt, sofern und insoweit sie von der Tätigkeit des Unternehmens betroffen ist. Für alle diese Interessengruppen hat das Unternehmen eine spezifische Teilverantwortung, die über das reine Einhalten gesetzlicher Vorschriften hinausgeht. Ein schwieriger Teil der Verantwortung ist es, die verschiedenen Ansprüche in einem ausgewogenen Verhältnis angemessen zu berücksichtigen. Die Durchsetzung von Haftungsansprüchen hängt häufig von der Rechtsform und der Unternehmensgröße ab.

Indem durch die Politik Vorschriften als Rahmenbedingungen der Wirtschaftsordnung gesetzt werden, ergibt sich auch hier eine Mitverantwortung am wirtschaftlichen Geschehen. Dabei spielen Fragen der Staatsverschuldung und die Verantwortung gegenüber zukünftigen Generationen, die Konjunkturpolitik, die Gesichtspunkte der Nachhaltigkeit und des Umweltschutzes ebenso eine Rolle wie der Verbraucherschutz. Eine eigenständige Verantwortung kommt den Konsumenten in ihrem Kaufverhalten zu, da hierdurch den Akteuren auf der Anbieterseite wesentliche Impulse gegeben werden. Hier steht beispielsweise der Aspekt der Nachhaltigkeit im Konflikt mit der Wegwerfgesellschaft"[3].

Beschreibungen und Definitionen zum Begriff „Verantwortung" gibt es viele, aber was sich dabei für den ethischen Begriff im Einzelfall als echt tragfähig erweist, ist eine Untersuchung wert. Das wird vor allem deutlich, wenn man die gravierenden Unterschiede hinsichtlich der Folgen einer Fehlentscheidung im Rahmen einer angeblich bestehenden wirtschaftlichen Verantwortung genauer betrachtet und damit die Frage aufwirft, was der Inhalt des Begriffs „Verantwortung" im einzelnen darstellt. Auffallend ist im Wikipedia-Text, dass das Wort „Haftung" (Haftungsansprüche) nur ein einziges Mal vorkommt.

Hans Jonas stellt in seinem 1979 erschienenen Hauptwerk ‚Das Prinzip Verantwortung' keine Definition zum Begriff auf, was - wie oben veranschaulicht - prinzipiell vielleicht auch gar nicht umfassend möglich wäre. Er beschreibt eher einen ethischen Imperativ, der auch als „ökologischer Imperativ" bekannt ist:

---

[3] ‚Verantwortung in der Wirtschaft' in
http://de.wikipedia.org/wiki/Verantwortung#Zum_Begriff
_der_Verantwortung (Stand: 08.07.2013).
Als Shareholder (engl. für Teilhaber) wird eine Person
oder Gruppe bezeichnet, die ein berechtigtes Interesse am
Verlauf oder Ergebnis eines Prozesses oder Projektes hat.
aaO.

„Handle so, dass die Wirkungen deiner Handlungen verträglich sind mit der Permanenz echten menschlichen Lebens auf Erden.“[4]

Aber zu den Folgen des Versagens eines „Verantwortlichen“ findet man bei ihm nur an einer Stelle eine Aussage:

„Bedingung von Verantwortung ist kausale Macht. Der Täter muss für seine Tat antworten: er wird für deren Folgen verantwortlich gehalten und gegebenenfalls haftbar gemacht. […] Der angerichtete Schaden muss gutgemacht werden, auch wenn die Ursache keine Übeltat war, auch wenn die Folge weder vorausgesehen noch beabsichtigt war […]“.[5]

Aber wie sollen diese Aussagen anwendbar sein, beispielweise für einen Bundeskanzler, der in der folgenden Legislaturperiode abgewählt oder einen Minister, der nicht mehr ins Kabinett berufen wird? Nehmen wir an, ein beschlossener Auslandseinsatz der Bundeswehr artet aus zu einer verlustreichen Intervention, die der Wähler nicht mehr gutheißt und deshalb das Kabinett abwählt, was dann? Die sogenannte „Verantwortung“ in solchen Fällen beschränkt sich bei den Entscheidungsträgern auf den Verlust ihrer Ämter, während die Wiedergutmachungslasten den Steuerzahler treffen.

---

[4] Hans Jonas: *Das Prinzip Verantwortung: Versuch einer Ethik für die technologische Zivilisation*. Frankfurt/M. 1979. Hier: Neuauflage als Suhrkamp Taschenbuch # 1085, ISBN 3-518-37585-7 <1600>, S. 36.
[5] aaO S. 172.

Ähnliches gilt bei den Wirtschaftsunternehmen wenn z.B. der CEO mit Zustimmung des Aufsichtsrats beschließt, die Produktion ins Ausland zu verlagern. Scheitert diese Aktion und das Unternehmen wird zahlungsunfähig, verlieren CEO samt Aufsichtsrat ihre gut bezahlten Ämter, aber sehr selten mehr. Denn in der Regel ist vorsätzlich schädliches Verhalten nicht nachzuweisen, und gelingt es z.B. einem Aktionär bei den Entscheidungsträgern Fahrlässigkeit zu beweisen, wird die Angelegenheit eher zu einem Versicherungsfall. Persönliche „Haftung und Wiedergutmachung" der Entscheidungsträger entfallen auch hier, Verantwortung reduziert sich begrifflich auf „Zuständigkeit".

Bei echter Verantwortung geht es um die Konsequenzen einer Entscheidung oder um eine Folge von Entscheidungen, die zu einem Handeln, Unterlassen oder Verhalten führen. Daher ist sie an einen Menschen, eine Person gebunden, einzeln oder in cumulo, und die Entscheidung kann wie jede Willenserklärung selbstverständlich auch stillschweigend erfolgen. Solange „kausale Macht" besteht, *kann* es Verantwortung mit „Folgen tragen, Einstehen für bzw. Haftung und Wiedergutmachung" geben, aber gibt es daneben auch eine „Verantwortung" *ohne* jene Attribute?
Es kann sein, dass die Beantwortung dieser Frage weitreichende Auswirkungen auf unser soziales Zusammenleben hat, um nur einen Bereich von vielen zu nennen. Anhand ausgewählter wirtschaftlicher Themen (Manager-Gehälter / Armut

und Verschuldung, z.T. auch international) soll im Folgenden darauf eingegangen werden.

I. **Kontrastreich-Historisches, kaum weniger als 20 Jahre alt -** oder: Wie werden exorbitante Manager-Gehälter in Bezug auf die anderer Arbeitnehmer „verantwortet" und von wem?

Die britische Times schreibt am 10.04.2000 unter dem Titel ‚UK-Executive pay survey will provoke anger', dass die „Chief executives of Britains top companies", also die ‚Verantwortlichen' führender englischer Unternehmen - und man apostrophiere aus gutem Grund „Verantwortlichen" - durchschnittlich 857,000 britische Pfund pro Jahr verdienen, und das bei einer durchschnittlichen Steigerungsrate von 6 % pro Jahr.

In Deutschland meldet das Handelsblatt vom 04.04.2000, dass die Stuttgarter Anwaltssocietät Binz und Partner gegen die Einstellungsentscheidung der Staatsanwaltschaft vom 21.03. Beschwerde eingelegt hat. Es geht um die „unzulässig hohe Abfindung von rund 60 Millionen DM, die der Mannesmann-Vorstandsvorsitzende Klaus Esser im Zusammenhang mit der Übernahme von Mannesmann durch Vodafone Airtouch erhalten soll". Es geht also strafrechtlich um den Tatbestand der ‚Untreue'. Die Staatsanwaltschaft vertritt interessanterweise die Auffassung der Verteidigung, weil den Mannesmann-Aktionären „durch die auch von Esser betriebene Zusammenführung mit

Vodafone wirtschaftliche Vorteile in Gestalt eines höheren Börsenwertes des Düsseldorfer Konzerns erwachsen seien. Von daher erscheine es *nicht* gerechtfertigt, in der mit der Strafanzeige beanstandeten Zuwendung ein *kriminelles* Unrecht zu sehen". Später hat sich dann die Meinung der Staatsanwaltschaft gewandelt: laut dpa: NK vom 26.02.2003, liest man, „nach zweijährigen Ermittlungen haben die Düsseldorfer Staatsanwälte einen 460 Seiten starken „Wirtschaftskrimi" geschrieben, mit dem brisanten Titel ‚Anklageschrift'". DB-Vorstandssprecher Josef Ackermann, IG-Metall-Vorsitzender Klaus Zwickel und der frühere Mannesmann-Chef Klaus Esser sowie dem späteren Aufsichtsrat-Chef Joachim Funk (mit noch anderen) wird vorgeworfen, zwischen 76 und 111 Millionen DM „aus der Konzernkasse in illegale Prämien und Pensionen verwandelt (zu) haben". Die Ermittler sprechen dabei von „Käuflichkeit" und sind überzeugt, „dass die geheimen Finanztransaktionen in den letzten Tagen des Konzerns allein der Bereicherung und der Begünstigung dienten und bewusste Schädigungen des Gesellschaftsvermögens seien". Zum merkwürdigen Verlauf und Ausgang des Verfahrens siehe die Fußnote.[6]

---

[6] Essers Rolle bei den Übernahmeverhandlungen zwischen Mannesmann und Vodafone waren schließlich auch Gegenstand von Ermittlungen im Rahmen des sogenannten „Mannesmann-Prozesses", der am 21. Januar 2004 vor dem Düsseldorfer Landgericht begann und erstinstanzlich mit einem Freispruch endete. Dieser Freispruch wurde jedoch aufgrund einer Revision der

Aus der Financial Times Deutschland vom 14.03.2000 erfahren wir unter dem Titel: „CNet-Chef: mit 35 in Rente", dass Halsey Minor, der Gründer und Chef des Nachrichtendienstes CNet, im Alter von 35 Jahren die Unternehmensleitung an seinen Vize abgegeben hat. „Er gehöre", so schreibt die Zeitung, „zu den Ersten, die an das Internet als kommerzielles Medium glaubten" und verfüge heute im Alter von 35 über ein geschätztes Vermögen von mehr als 700 Millionen USD.

Dieselbe Zeitung schreibt am 16.03.2000, dass der Chef des Mischkonzerns General Electric, Jack Welch (65), von seiner Firma „fürstlich entlohnt" worden sei. Er gehöre zu den „schillerndsten Managern der Welt" und habe 1999 Zuwendungen in Höhe von 93,1 Millionen USD in Gestalt von Gehalt, Bonus und Aktienoptionen erhalten und beabsichtige im April zurückzutreten.

Ein US-Gericht hat auf der Grundlage des amerikanischen Vertrags dem ehemaligen Chef des Medienkonzerns ‚Vivendi Universal', Jean-Marie Messier, eine Abfindung von 20,5

Staatsanwaltschaft am 21. Dezember 2005 vom Bundesgerichtshof aufgehoben. Die Sache wurde seit dem 26. Oktober 2006 wieder vor dem Landgericht Düsseldorf verhandelt und endete mit einer umstrittenen Einstellung des Verfahrens gegen alle Angeklagten nach § 153a der Strafprozessordnung gegen Leistung einer Geldauflage. Diese bemisst sich nach dem Einkommen; Esser musste 1,5 Millionen Euro an die Staatskasse und gemeinnützige Organisationen zahlen. (zit. n. Wikipedia) – bei Erfüllung solcher Auflagen gilt der Betreffende nicht als vorbestraft.

Millionen Euro zugesprochen. Messier musste 2002 wegen einer zu hohen Verschuldung des Unternehmens in Paris abtreten, denn ‚Vivendi Universal' stand sogar kurz vor der Zahlungsunfähigkeit. Sein Nachfolger, Jean-René Fourtou, nannte die Entscheidung „skandalös". Es handle sich um eine „unanständige" Forderung angesichts der Verantwortung Messiers für die sehr schwierige Finanzlage des Unternehmens. [7]

Im Handelsblatt vom 07.03.2000 stand zu lesen, dass der Coca-Cola-Vorstandsvorsitzende Douglas Ivester anlässlich seines Abschieds am 17.02. eine „satte Abfindung mit auf den Weg bekommen" habe. Man zitiert das Wall Street Journal, dass sich die Abfindung, einschließlich der Aktienoptionen, auf 17,3 Millionen USD belaufe. Dazu träten zahlreiche „privileges" und die Freigabe beschränkt verfügbarer Aktien an ihn, die einen aktuellen Kurswert von 16,8 Mio USD ausmachten.

Im übrigen sei der ehemalige Chef der US Bank ‚Bankers Trust', Frank Newman, als er 1999 nach der Übernahme der Bank durch die Deutsche Bank aus dem Konzern ausschied, mit „knapp 100 Mio USD" abgefunden worden.

The Wall Street Journal vom 20.03.2003 berichtet, dass sogar der Chief Executive of the American Institute of Certified Public Accountants, Barry Melancon, in 2002 mit rund einer Million USD bezahlt wurde. Bei dem „Institute" handelt es sich immerhin um eine

---

[7] dpa in NK v. 01.07.2003 = Nordbayerischer Kurier als
   Quelle für die meisten dpa-Veröffentlichungen.

„non-profit-group" als führende „professional organization for accountants". Auch auf die Gefahr hin, die Kontrastmeldung polemisch zu werten, sollte man auf die dpa-Meldung hinweisen: (NK v. 04.07.03) „Das anhaltend schwache Wirtschaftswachstum in den USA hat die Arbeitslosenquote auf den höchsten Stand seit neun Jahren getrieben. Sie stieg im Juni 2003 auf 6,4 %, d.h. insgesamt waren 9,4 Millionen Amerikaner ohne Arbeit".

In der britischen Ausgabe der Financial Times vom 29.03.2002 wird darüber berichtet, dass den drei „executive directors" von British American Tobacco Gehaltserhöhungen zwischen 33 und 95 % gewährt wurden, trotz Rückgangs des Börsenkurses. Dem CEO Vorstandsvorsitzenden Martin Broughton, dem „managing director" Ulrich Herter und dem „finance director" Keith Dunt seien „for their part in the merger with Rothmans" 40% Boni zugesprochen worden. Die drei Herren haben darüber hinaus nach der Übernahme von Rothmans eine „performance-related" Bezahlung von etwa 50% ihres Grundgehalts bekommen.

Demgegenüber berichtet die AZ vom 21.05.2003 jüngst von einer „Sensation in England", nachdem nun die Labour Regierung den Aktionären in 2003 erstmals das Recht eingeräumt hatte, über die Gehaltspolitik von Großkonzernen abzustimmen. Dies führte jetzt dazu, dass die Aktionäre des Pharmakonzerns Glaxo-Smith-Kline mit einer Mehrheit von 50,72 % gegen die geplante Abfindungsregelung für Glaxo-Chef Jean-Pierre Garnier (erst 55 Jahre alt!) von 31 Millionen Euro stimmten.[8] In England (und USA) würden jene Top-Verdiener im Volksmund inzwischen „fat cats" genannt, die beim Ausscheiden mit einem „Golden Parachute" in „gemachte Betten" fallen. Dazu zählten auch Vodafone-Chef Chris Gent, der etwa 5,2 Millionen Euro jährlich verdient, oder Ex-British-Telecom-Chef Pctcr Bonfield mit 4,3 Millionen Euro.

Es wird meist wenig bekannt, wie sich das Gesamtsalär eines CEO[9] zusammensetzt. Manchmal aber doch:

Im Rahmen des Artikels „U.S. Companies Boosted Bonuses To CEOs in 2004" des The Wall Street Journal Europe, wird über die Einkünfte von Don Tyson, CEO des „U.S. biggest meatpacker" berichtet, dass er für das Jahr 2004 einen Bonus von 5,41 Millionen USD erhielt, natürlich neben seinem Jahresgehalt von einer Million USD plus „500.000 Stock options a year, an anual grant of performance shares valued at 2,47 Mio USD - plus personal use of corporate aircraft. Among his other perks last year was a 2000 USD department-store gift card for the holidays [...].[10] So also sieht ein Beispiel der

---

[8] AZ v. 21.05.2003: „Der Vorgang ist einmalig in der britischen Industriegeschichte".

[9] Chief Executive Officer, entspricht in Deutschland etwa dem Vorstandsvorsitzenden.

[10] The Wall Street Journal Europe v. 25/27. Feb. 2005. (Tyson: The company provides products and services to customers throughout the United States and more than 90 countries. Tyson employs 115,000 Team Members at more than 400 facilities and offices in the

Jahres-Gesamteinkünfte des CEO eines Großunternehmens im Jahr 2004/5 aus.

Natürlich regte sich auch in Deutschland Kritik gegen solche Top-Gehälter der sogenannten „Wirtschaftsführer". So haben Aktienrechtler der Universitäten Bonn und Jena Aufsichtsräte von deutschen Unternehmen wegen mangelhafter Arbeit kritisiert und eine Gesetzesreform gefordert. Ein Gehalt von acht Millionen Euro im Jahr für den ehemaligen Vorstandssprecher der Deutschen Bank sei eindeutig zu viel. „Wenn ein erfolgreicher Vorstand das Fünffache des Bundeskanzlers verdient, dann ist das mehr als genug" (dpa: NK v. 08./09.03.2003) - Stellt hier vielleicht jemand die Frage, wer von beiden mehr „Verantwortung" trägt oder ob überhaupt?
Selbst der damalige Präsident des Bundes-verbandes der Deutschen Industrie, Michael Rogowski, hat „einigen Top-Managern" nach einer Meldung der AZ München „Raffgier" vorgeworfen. Er wolle sich „nicht damit abfinden, dass einer nach drei, vier oder fünf Jahren als Vorstand so viel Geld einnimmt, dass er danach gar nichts mehr tun muss [...]"[11]. Auch Top-Manager hätten sich am „simplen Begriff des ehrbaren Kaufmanns" zu orientieren, „dazu gehört, für sich selbst nicht mehr zu tun, als für die Mitarbeiter, Aktionäre und Gesellschaft"[12].

U.S. and around the world. More details - see Internet: ‚Tyson Fact Book.').
[11] AZ München v. 19.05.03.
[12] dpa in NK v. 03.07.03.

Die Bayerische Staatsregierung möchte die Manager-Gehälter bei den Konzernen in die Bemessung der Gewerbesteuer einbeziehen (NK v. 26.06.2003). Was daraus seit 2003 geworden ist, wurde bisher nicht bekannt. Man wartet noch immer. Auch der damalige Bundestagspräsident Thierse hat die Entwicklung der Managergehälter in Deutschland in scharfer Form kritisiert. „Die Amerikanisierung unserer Unternehmenskultur muss gestoppt werden", sagte er. Die Managergehälter vor 30-40 Jahren hätten in einem Verhältnis von 30 : 1, zu den Durchschnittseinkommen von Arbeitnehmern gestanden, jetzt (Anm. im Jahr 2004) liege die Relation bei 240 : 1, „das steht in keinem Zusammenhang mehr mit wirklichen Leistungen" und sei auch eine Frage des sozialen Friedens.[13]
Die Top-Manager deutscher Konzerne wollen von einer Offenlegung ihrer Bezüge dagegen nichts wissen, berichtet die AZ vom 26.05.2003. Dies soll eine Umfrage des „Tagesspiegel am Sonntag" bei BASF, Allianz und DaimerChrysler ergeben haben. Der NK ergänzt (v. 27.05.2003): „obwohl die Corporate GovernanceKommission Mitte der Woche beschlossen hatte, diese Transparenz als Verpflichtung in ihren Kodex aufzunehmen, sehen die befragten Unternehmen derzeit keinen Anlass, ihre ablehnende Haltung zu ändern". Für DaimlerChrysler sei die Veröffentlichung der Gesamtbezüge aller Vorstandsmitglieder weiterhin „Transparenz genug". In gleicher Weise äußerte

---

[13] dpa: NK v. 04.01.05.

sich die Münchener Rück [14]. Im März 2004 hat die Deutsche Post die Vergütungen der Vorstände offen gelegt. Der damalige Vorstandschef Klaus Zumwinkel erhielt in 2003 - ohne Aktienoptionen - „mehr als 1,72 Millionen Euro" (dpa: NK v. 24.03.2004) [15]

Noch im Februar 2003 hatte die Financial Times Deutschland einer Meldung des NK (v. 22./23.02.2003) zufolge 28 der 30 im Aktienindex DAX notierten Unternehmen analysiert. Das Ergebnis lautete: Bei den 30 DAX-Unternehmen hafteten noch immer die wenigsten Manager für Fehler, würden Vorstände und Aufsichtsräte nur selten leistungsorientiert bezahlt sowie die Gehälter nur in Einzelfällen individuell ausgewiesen. Im Artikel wird betont: „Die Regierungskommission ‚Corporate Governance'[16] hatte unter Vorsitz von Thyssen-

---

[14] AZ v. 11/12.12.04: „Geheime Gehälter".

[15] Wegen seiner kriminellen Vergangenheit empfiehlt es sich, bei Wikipedia nachzulesen: http://de.wikipedia.org/wiki/Klaus_Zumwinkel#Strafver fahren. Als Vorsitzender eines DAX-Unternehmens war Z. auch Aufsichtsratsvorsitzender der Deutschen Telekom, ferner saß er in Aufsichtsräten der Allianz, der Deutschen Lufthansa und von Morgan Stanley. Bis zum 31. Dezember 2008 gehörte er dem Aufsichtsrat von Arcandor (ehemals Karstadt-Quelle) an.

[16] Der Deutsche Corporate Governance Kodex ist ein von einer Regierungskommission der Bundesrepublik Deutschland erarbeitetes Regelwerk, das vor allem Vorschläge enthält, was eine gute Unternehmens-führung, also ethische Verhaltensweisen von Mit-arbeitern und Führungen von Unternehmen und Organisationen, ausmacht. (zit. n. Wikipedia – Stand: 08.07.2003).

Krupp-Aufsichtsratschef Gerhard Cromme vor einem Jahr das Regelwerk erarbeitet, um die Leistungen des Managements für die Aktionäre transparent zu machen. Fast alle DAX-Unternehmen hatten zugesagt, die Empfehlungen umzusetzen."

Auch der idw, das Organ des arbeitgebernahen Instituts dcr deutschen Wirtschaft in Köln meldete sich zu Wort (zit. nach SZ v. 05.06.2003) und wies darauf hin, dass die Gehälter deutscher Manager, verglichen mit den Einkommen von Vorstandschefs in anderen Ländern, „eher wenig" verdienen würden. Ein Vorstand eines großen US-Industrieunternehmens erhalte im Durchschnitt „mehr als viermal" so viel wie ein Top-Manager in Deutschland. „Die Führungs-spitzen deutscher Industriekonzerne rangierten mit etwa 383.000 Euro Jahresgehalt unter dem Durchschnitt in Ländern wie Kanada, Belgien, Großbritannien oder Italien."

Etwas sarkastisch könnte man sagen: Wenn andere geldgierig sind und keinen Anstand kennen, dann dürfen wir das auch. Auch ein Wort zur „Verantwortung" wäre hier angemessen gewesen.

Im NK vom 10.08.1998 stand zu lesen: „Vertreter der Stromwirtschaft haben SPD und Grüne vor einer Unberechenbarkeit in der Atompolitik und ideologischen Ausstiegsszenarien" gewarnt. Der neue Vorstandschef des Viag-Mischkonzerns, Wilhelm Simson, wird dort wie folgt zitiert: „Wenn wir nach einem denkbaren Regierungs-wechsel nicht mehr wissen, woran wir sind, müssen wir uns fragen, ob Deutschland noch der richtige Standort für uns ist." Die Viag-Tochter Bayernwerk AG betreibt drei Atomkraftwerke. Das Meinungsforschungsinstitut Dimap habe ermittelt, so der NK, dass derzeit 61 % der Bevölkerung *für* einen Ausstieg aus der Kernkraftnutzung sei.[17]

Das Manager-Magazin berichtet im Jahr 2000 von den „deutschen Abfindungsrekorden" zwischen 15 und 60 Millionen DM, der „versüßten Trennung beim Abschied aus den Chefetagen", wenn „üppige Zahlungen fällig werden". Es zählt die „Abfindungen" auf von Peter Tamm 1991 beim Axel Springer Verlag mit 15 Millionen, Bernd Pischetsrieder 1999 bei BMW mit 15 Millionen, (der dann bei VW in der Chefetage sofort wieder Fuß fassen konnte), von Udo G. Stark bei Fa. Agiv im Jahr 2000 mit 20 Millionen, Mark Woessner mit 30 Millionen bei Bertelsmann und Klaus Esser mit 60 Millionen DM bei Mannesmann, beide im Jahr 2000 [18].

Mitteilungen dieser Art setzten sich in der Vergangenheit fast täglich fort. So schrieb Die Welt vom 04.7.2001 unter ihrem Titel „Menschen und Märkte", dass das Salär von Chris Gent, dem Chef von Vodafone, 6,9 Millionen Pfund (ca. 21 Millionen DM) betrage und dass er über 1 Million Pfund an Optionen an Vodafone Aktien

---

[17] Anmerkung: Man beachte das Demokratieverständnis und das Verständnis für eine ‚soziale' Marktwirtschaft, ausgerechnet von Vertretern eines Betriebs, (VIAG), der alles andere als ‚rote Zahlen' schreibt.

[18] Manager-Magazin Nr. 7/2000, S.15.

besitze. Dazu zitierte man einen Sprecher des Konzerns mit den Worten: „Firmen müssen für talentierte Kräfte attraktiv sein und sie auch halten können." So selbstverständlich ist das offenbar.

Nach einer Berechnung der Wirtschaftsprüfungsgesellschaft Ernst & Young[19] hat der Daimler-Chrysler-Chef Jürgen Schrempp in 2002 rund 10,8 Millionen Euro verdient (zit. n. NK 22.06.03) und SAP-Chef Henning Kagermann stehe mit seinem Einkommen von 7,5 Millionen vor Josef Ackermann von der Deutschen Bank mit 6,95 Millionen Euro. Das Manager Magazin hat daraufhin diese Saläre mit der Aktienkursentwicklung der betreffenden Konzerne verglichen und sie als „eindeutig zu hoch bezahlt" eingestuft. Josef Ackermann habe im Jahr darauf (2003) rund elf Millionen Euro verdient, schreibt die Financial Times Deutschland, eine Steigerung von fast 60 % (zit. n. NK v. 10.03.2004).
Aus einer ANP-Mitteilung, (Den Haag Rijswijk), vom 23.09.02, geht hervor, dass „höhere Gehälter für amerikanische CEOs" bezahlt werden, vor allem die Chefs amerikanischer Internet-Unternehmen würden immer besser verdienen. Laut einer Studie der Unternehmensberatung PricewaterhouseCoopers[20] liege das durchschnittliche Jahresgehalt der Chief Executive Officers (CEO) 1999 bei knapp 240.000 USD.

---

[19] Ernst & Young Global Limited (EYG), London.
[20] PricewaterhouseCoopers International Limited (PwC), New York (Dachorganisation).

Besonders stark hätten die Bonuszahlungen zugenommen. Sie seien 1999 um 31 % gestiegen. Inklusive dieser Bonuszahlungen erhielten die CEOs damit im Durchschnitt rd. 326 000 USD pro Jahr, 16 % mehr als 1978. Daneben gehörten den Chefs der Startups meistens noch fast 10% des Unternehmens. Das mache im vergangenen Jahr immerhin zusätzliche 8,6 Millionen USD aus. Inzwischen seien die Aktien dieser Unternehmen allerdings - aber wer weiß, wie lange noch - etwas im „Keller".

William McDonough, der damalige Präsident der New Yorker Federal Reserve Bank, kritisierte allerdings die hohen Einkommen amerikanischer Spitzenmanager. Sie würden jetzt mehr als das 400-fache eines Industriearbeiters verdienen im Vergleich zum 42-fachen vor 20 Jahren[21].

Auch bei dem schon kränkelnden Unternehmen Karstadt-Quelle konnte Chef Urban bei seinem vorzeitigen Ausstieg mit einer Abfindung von rund 10 Millionen Euro rechnen, weil der Aufsichtsrat den 2004 auslaufenden Vertrag vorzeitig um 5 Jahre verlängert hatte [22].

Selbst in Finnland sind die Chef-Gehälter exorbitant: dpa (NK v. 15.01.2001) brachte die Meldung, dass das Vorstandsmitglied von Nokia, Anssi Vanjoki, für 1999 ein in Euro umgerechnetes Jahreseinkommen von 14 Millionen bezog.

Das Handelsblatt vom 06.08.2001 schreibt, dass im „Aktionärsland Großbritannien" in den beiden

---

[21] dpa: NK v. 13.09.2002.
[22] dpa: NK v. 27.05.2004.

zurückliegenden Jahren (1999/2000) die „Jahres-Vorstandsgehälter in Großbritannien um 26 % auf durchschnittlich 509.000 britische Pfund gestiegen" seien.

Schließlich, so wird im NK vom 17.09.2002 klargestellt, habe Ron Sommer, der bisherige Vorstandsvorsitzende der deutschen Telekom, keine Abfindung von 65 Millionen Euro erhalten, wie Spiegel und Focus berichteten, sondern „nur" die Beträge, „die ihm für die Restlaufzeit seines Vertrages rechtlich zustehen", nämlich ganze 11,6 Millionen Euro. Aktienoptionen und Erfolgsbeteiligungen dürften darin allerdings nicht enthalten sein. Immerhin, so wurde am 24.04.2002 im NK berichtet, habe sich der achtköpfige Unternehmensvorstand seine Bezüge in 2001 noch um 90 % auf insgesamt rd. 17,5 Millionen Euro erhöht.

Die US Investment Bank Merrill Lynch hat die Zahl der Millionäre in Deutschland im Juni 2004 mit 756.000 beziffert, also weniger als ein Prozent der Bevölkerung, und dabei sind Immobilien in der Berechnung noch nicht enthalten[23].

Auch mit Blick auf „Verantwortung" erklärte der damalige SPD-Vorsitzende Müntefering bei einem öffentlichen Vortrag im November 2004:
„Wir müssen denjenigen Unternehmern, die die Zukunftsfähigkeit ihrer Unternehmen und die Interessen ihrer Arbeitnehmer im Blick haben, helfen gegen die verantwortungslosen

---

[23] dpa: NK v. 16.06.2004.

Heuschreckenschwärme, die im Vierteljahrestakt Erfolg messen, Substanz absaugen und Unternehmen kaputtgehen lassen, wenn sie sie abgefressen haben. Kapitalismus ist keine Sache aus dem Museum, sondern brandaktuell" usw. und löste damit die sogenannte „Heuschreckendebatte" aus, die sich aufgrund seines Interviews mit Bild am Sonntag (v. 17.04.2005), in dem er nochmals nachgelegt hatte:

„Manche Finanzinvestoren verschwenden keinen Gedanken an die Menschen, deren Arbeitsplätze sie vernichten – sie bleiben anonym, haben kein Gesicht, fallen wie Heuschreckenschwärme über Unternehmen her, grasen sie ab und ziehen weiter. Gegen diese Form von Kapitalismus kämpfen wir", nur noch verstärkte und als „Kapitalismusschelte" gebrandmarkt wurde [24]. Selbstverständlich wurde er heftig kritisiert, freilich überwiegend von konservativer Seite.

Aber dass er im Grunde nicht falsch lag, ergab sich später an einem Beispiel, das sich Ende 2012 zugetragen hat und - weil Zockereien im Bereich der Profitmaximierung kaum bekannt werden - als Publikation Seltenheitswert genießt.

Zum Hintergrund: Franz Müntefering hatte damals das Verhalten mancher „anonymer Investoren" mit Heuschreckenplagen verglichen. Heuschrecken gelten im deutschen politischen Sprachgebrauch seitdem als eine abwertende Tiermetapher für Private-Equity-Gesellschaften

---

[24] Zum Gesamtthema ‚Heuschrecken' vgl. Wikipedia - http://de.wikipedia.org/wiki/Heuschreckendebatte. Stand: 03 03.2013.

sowie gegen andere Formen der Kapitalbeteiligung mit mutmaßlich zu kurzfristigen oder überzogenen Renditeerwartungen, wie Hedge-Fonds oder sogenannte „Geierfonds" (zit. n. Wikipedia). Müntefering wies mit seinen Äußerungen auf angeblich extreme Auswüchse des Kapitalismus hin: Anonyme Investoren zerschlügen Unternehmen zum Zwecke kurzfristiger Gewinnmaximierung; die langfristigen sozialen Kosten würden sie nicht interessieren. Weiterverwendung des Begriffs: Am 16. Januar 2008 bezeichnete Jürgen Rüttgers, der damalige Ministerpräsident von Nordrhein-Westfalen, im Zusammenhang mit der Verlegung der Nokia-Werke nach Rumänien die Firma Nokia als „Subventionsheuschrecke". Erzbischof Reinhard Marx schildert auch diesen Fall in seinem Buch und stellt den in seinen Augen sprachlich nicht schönen und inhaltlich unfreundlichen Ausdruck Rüttgers den Begriff des (damaligen) Bundesministers Peer Steinbrücks entgegen, welcher Nokias Vorgehensweise als „Karawanen-kapitalismus" bezeichnet hatte.[25]

Ein Beispiel dazu: Money-Online schreibt über einen Bericht der Financial Times: „Riskante Wette / Heuschrecke verdient 500 Millionen an Griechenland – Eine freche Zockerei mit dem

---

[25] Reinhard Marx: „Das Kapital. Ein Plädoyer für den Menschen", Seite 227, Pattloch-Verlag, München 2008.
dazu auch FN 24.

Schuldenrückkauf Griechenlands hat einem amerikanischen Hedge-Fond laut einem Medienbericht 500 Millionen USD Gewinn beschert. Das Geld kam vom Euro-Rettungsschirm […]

Anfang Dezember (2012) hat Griechenland Staatsanleihen von seinen Gläubigern zurückgekauft. Das lohnte sich für das Land, weil die aktuellen Marktpreise der Anleihen weit unter dem ursprünglichen Wert der Papiere liegen. […] Kurze Zeit vor dem Schuldenrückkauf kaufte der Hedge-Fond ‚THIRD POINT' (Gründer und Chef: US-Milliardär Daniel S. Loeb) zu 17 Cent je Euro die Anleihen und verkaufte sie zu 37 Cent an Griechenland […] Mit dem Rückkauf von Anleihen zu einem kräftigen Abschlag konnte Griechenland seine Schulden um rund 20 Milliarden Euro senken. Dies war die Voraussetzung dafür, dass seine Euro-Partner und der IWF jüngst grünes Licht gaben für die Auszahlung von Hilfen über 49,1 Milliarden Euro bis Ende März […]"[26]

Daraus folgt, dass Griechenland samt seiner Steuerzahler 500 Millionen USD mehr bezahlen, sowie die Euro-Partner rund 380.000 Euro mehr

---

[26] Online-Money v. 19.12. 2012 (zitiert die Financial Times). – oder:
Financial Times UK , Sam Jones: „Hedge fund's Greek gamble pays off" v. 17.01. 2013
„reflected the risk of Greece dropping out of the […] profiting from Greece's return to favour[...]fourth quarter. Third Point, run by Dan Loeb, doubled its money.[..]far delved into Greece's corporate markets[....] 37 per cent in 2012. Investing in [...]"
http://search.ft.com/search?queryText=2012+Third+Point+Loeb+Greece (Stand: 17.01.2013).

als notwendig bereitstellen mussten, nur um dem Hedge-Fond den Gewinn, faktisch ohne Gegenleistung, zu ermöglichen.

II. Die andere Seite zur selben Spanne der Vergangenheit …
oder: Wie werden Mängel nachstehender Art „verantwortct" und von wem?

Am 22.04.2002 war im NK zu lesen, dass in der Bundesrepublik „Eine Million Kinder und Jugendliche von Sozialhilfe abhängig (sind)". Diese Meldung kam vom Präsidenten des Statistischen Bundesamtes, Johann Hahlen: „Immer mehr Kinder sind auf Sozialhilfe angewiesen; im Jahr 2002 waren es eine Million".[27] Insoweit, so der NK, habe der Bielefelder Jugendforscher Christian Palentien die Aussagen des 11. Kinder- und Jugendberichts der Bundesregierung (anfangs 2002 veröffentlicht) bestätigt. „Fast 40 % der rund 2,9 Millionen Sozialhilfeempfänger sind Heranwachsende" und „Armut betrifft heute [...] weite Teile der Bevölkerung", so Palentien.
Bereits im „Bericht über die menschliche Entwicklung" für das Jahr 1997, der vom damaligen Bundesentwicklungsministerium am 11.06.1997 vorgestellt wurde, findet sich die Aussage, dass in Deutschland 25 % der Familien mit einem alleinerziehenden Elternteil unter die Armutsgrenze fallen.[28]

---

[27] dpa: NK v. 19.11.2003.
[28] Handelsblatt Nr. 111 v. 13/14.06.1997, S. 3.

Prof. Butterwegge von der Universität Köln behauptet, im Jahr 2003 würden bundesweit „weit mehr als 1,1 Million Kinder und Jugendliche in Haushalten leben, die Sozialhilfe erhalten. Von Armut könne gesprochen werden, wenn Familien mit einem Nettoeinkommen von weniger als 1200 Euro auskommen müssen, und die Kinder kein eigenes Kinderzimmer haben"[29]. Dabei kostet ein Kind laut Statistischem Bundesamt monatlich durchschnittlich 674 Euro (dpa: NK 31.05./ 01.06.2003).

„11 Millionen Menschen leben in Deutschland in Armut. Der Anteil der Armen ist seit 1998 von 12,1 auf 13,5 % gestiegen" zitiert Dr. Böhner den 2. Armuts- und Reichtumsbericht d. Bundesregierung[30]. Auch der UNICEF-Welt-Armutsbericht vom Dezember 2004 meldet eine konstante Zunahme der „relativen Kinderarmut" in Deutschland.[31] Zwischen 1990 und 2000 stieg der Anteil um 4 auf 9 %. Über 1 Million Kinder leben bei uns von Sozialhilfe.

Daneben wird gerne vergessen, dass es in der Bundesrepublik noch vier Millionen

---

[29] dpa: NK v. 29.04.2003.

[30] Dr. Gerhard Böhner, Sozialreferent d. Stadt Bayreuth in NK v. 05/06.03.2005.

[31] dpa: NK v. 10.12.2004 - Für UNICEF gilt als Bemessungsgrenze der Anteil der Kinder, deren Familien mit   weniger als der Hälfte des Durchschnittseinkommens auskommen müssen.

Analphabeten gibt, deren Einkommen die Armutsgrenze kaum überschreiten dürfte [32]

Oder blickt man auf Russland: Jetzt lebt dort mehr als ein Drittel der Bevölkerung unter der Armutsgrenze. Insgesamt 50 Millionen Russen, 35 % der Bevölkerung, fristen ein Leben unter dem Existenzminimum, teilte das Institut für sozial-ökonomische Bevölkerungsprobleme mit. Ende 1998 lebten nach offiziellen Angaben bereits etwa 40 Millionen Russen unter der Armutsgrenze. Jedes zweite Russische Kind wachse derzeit in Armut auf, hieß es[33].

Auch in USA nimmt die Armut immer weiter zu. Im Jahr 2001 lag die Zahl der als arm eingestuften Amerikaner noch bei 11,7 %, in 2002 stieg sie auf 12,1 % (Steigerung um 1,7 Millionen Einwohner auf 34,6 Millionen). Als arm gilt in USA eine vierköpfige Familie mit einem jährlichen Gesamteinkommen von 18.000 USD (damals umgerechnet 15.700 Euro).[34]

III. Was hat sich bis 2013 bei den Manager-Einkommen - nach rund 10 Jahren unüberhörbarer Kritik - geändert?

Nach einer Untersuchung (Auswertung von über 1,5 Millionen Gehaltsdaten) des Hamburger Beratungsunternehmens ‚Personalmarkt' (Prof. Tom Krebs, Inhaber des Lehrstuhls für

---

[32] dpa: NK v. 06.11.2003 „Vier Millionen Analphabeten im Lande" / Jürgen Genuneit v. Bundesverband Alphabetisierung in Bernburg (Sachsen-Anhalt).

[33] dpa: NK v. 19.10.2000.

[34] dpa: NK v. 27/28.09.2003.

Makroökonomie an der Universität Mannheim)
sind in Deutschland trotz „jahrelangen
Wirtschaftswachstums nur die Gehälter von
Wirtschaftsmanagern gestiegen - Facharbeiter
und Angestellte verdienen unterm Strich
weniger" (sinkende Reallöhne seit 2005 trotz
Wirtschaftswachstum um mehr als 10 %).[35] Als
Vorausschau für 2013 schreibt PersonalMarkt
Services GmbH: „Lediglich für Führungskräfte
prognostizieren die Vergütungsexperten relativ
hohe Gehaltszuwächse. In der Folge wird sich der
Abstand zwischen den Gehältern von
Fachkräften, Sachbearbeitern und Spezialisten auf
der einen und den Gehältern von Führungskräften
auf der anderen Seite weiter vergrößern." [36]

Stéphane Hessel, „der frühere Widerstands-
kämpfer, Diplomat und Friedensaktivist, wurde
im Herbst 2010 mit seiner Streitschrift „Empört
Euch" einem Millionenpublikum weltweit
bekannt"[37], schreibt Birgit Holzer zu seinem
Tod[38]. Er hat Buchenwald überlebt und war als
französischer Diplomat Mitautor der Menschen-
rechtserklärung der Vereinten Nationen. Er
bezeichnet als „für jedermann erkennbare

---

[35] dpa: NK v. 09.11.2012.

[36] PersonalMarkt Services GmbH Pressemitteilung: „Ge
    haltsentwicklung 2013: Eurokrise bremst Gehaltszu
    wächse", Hamburg, 12. 11. 2012.

[37] Hessel: "Indignez-vous!", Indigènes Édition, Oktober
    2010 – übersetzt v. Michael Kogon: „Empört Euch!"
    Ullstein, Berlin, 22. Aufl. 2013.

[38] Birgit Holzer, Paris, in NK v. 28.02.2013, „Der empörte
    Gentleman".

Menschheitsaufgabe: die weit geöffnete und noch immer weiter sich öffnende Schere zwischen ganz arm und ganz reich" sich nicht weiter vertiefen zu lassen.[39] „Die Verantwortlichen in Politik und Wirtschaft", schreibt er, "die Intellektuellen, die ganze Gesellschaft dürfen sich nicht kleinmachen und kleinkriegen lassen von der internationalen Diktatur dcr Finanzmärkte, die es so weit gebracht hat, Frieden und Demokratie zu gefährden."[40]

Das Magazin FORBES führt den Präsident und Geschäftsführer der (Dachgesellschaft) ‚Moody's Corporation' (ein Konzern mit 6500 Mitarbeitern in 28 Ländern, in 2011: 2,3 Milliarden USD Umsatz) Raymond McDaniel mit einem Jahreseinkommen von über 6 Millionen USD auf Platz 280 der bestbezahlten Führungskräfte in den USA[41].

Die Bankenkrise in Spanien hat dazu geführt, dass Anleger ihr Geld aus dem krisengeschüttelten Land abziehen. Allein im Monat Mai 2012 betrug die Kapitalflucht laut der Zentralbank in Madrid 41,3 Milliarden Euro, viermal so viel wie im Vorjahresmonat. (dpa: NK v. 01.08.2012). Die Frage müsste lauten: Wer verfügt in diesem Land über solche Summen pro Monat?

---

[39] FN 37, S. 13.
[40] FN 37, S. 10.
[41] dpa: NK v. 31.07. 2012.

Prof. Bernd Greiner, Historiker und Politologe, sowie Professor für Geschichtswissenschaft der Universität Hamburg, schreibt in der Süddeutschen Zeitung unter dem Titel „Selbstblockade: wie die USA ihre Zukunft verspielen", die Amerikanisten Etges und Fluck hätten „lesenswert herausgearbeitet", dass die Superreichen, ein Prozent der US-Bevölkerung, über ein Drittel des privaten Vermögens oder den Gegenwert von 22 % des Bruttosozialprodukts verfügten, während 46 Millionen Menschen, 15 % aller Amerikaner, der offiziellen Statistik zufolge, in Armut lebten. Greiner: „Eine derartige soziale Ungleichheit gab es in den USA zuletzt in den 1920er Jahren […] nur noch knapp 10 % der Erwerbstätigen arbeiten heute im produzierenden Gewerbe. Zum sozialen Sprengstoff wird die galoppierende Deindustrialisierung, weil sie die Mittelschicht zerrüttet". [42]

Christian Tenbrock, Redakteur Wirtschaft DIE ZEIT und Gewinner des Deutschen Journalistenpreises Wirtschaft 2012 schreibt u.a., dass „die 100 reichsten Milliardäre der Erde Ende 2012 um über 240 Milliarden USD reicher waren, als zu Beginn des vergangenen Jahres. Auch die DAX-Vorstände in Deutschland verdienten 2011 im Schnitt 3,14 Millionen Euro, ihre Gehälter waren damit über 150 % höher als in 2001. […] Ein durchschnittlicher deutscher Arbeiter oder

---

[42] SZ Nr. 157 v. 10.07.2012, S. 15.

Angestellter hatte Ende 2012 kaum mehr Geld zur Verfügung als 2005." [43]

Die Deutsche Presseagentur meldete im März 2012, dass der Deutsche-Bank-Chef Josef Ackermann zum Abschied für das abgelaufene Jahr rund 9,4 Millionen Euro erhielt. Das gehe aus dem soeben veröffentlichten Geschäftsbericht des DAX-Konzerns für 2011 hervor. Aber auch VW-Vorstandsvorsitzender Martin Winterkorn habe fast 17,5 Millionen Euro „zugesagt" bekommen[44].

Die Zahl der Millionäre in Deutschland stieg in 2011 um rund drei Prozent auf über 950.000. Ein Zuwachs von über 195.000 seit 2004[45]. Damit leben nur in den USA und Japan mehr Reiche, als hierzulande. Die Studie dazu hat das Beratungsunternehmen Capgemini und die Royal Bank of Canada im Juni 2012 in Frankfurt vorgelegt. Der „Wohlstandsbericht" berücksichtigt Menschen, die mehr als 1 Million USD (derzeit rd. 793.000 Euro) Finanzvermögen haben, allerdings werden selbstgenutzte Immobilien, Luxusautos oder Kunstschätze *nicht* mit einbezogen. (dpa: NK v. 20.06.2012).

Der Ratsvorsitzende der Evangelischen Kirche in Deutschland (EKD), Nikolaus Schneider, hat am

---

[43] DIE ZEIT Nr. 5 v. 24.01.2013.
[44] dpa: NK v. 27.03.2012. Winterkorn hat später auf den Anteil der Boni verzichtet.
[45] Vgl. dazu FN. 23.

10. Januar 2011 vor der Synode seiner Kirche in Bad Neuenahr dem Staat vorgeworfen, „sein ausgleichendes Handeln den Armen gegenüber vermindert" zu haben, „so dass die Kluft zwischen Arm und Reich größer wird" (dpa: NK v. 11.01.2011).

Nach einem Bericht der Sunday Times wollen die großen britischen Banken ihrem Personal Boni in Höhe von sechs Milliarden Pfund (7,12 Milliarden Euro) zahlen. Der Chef von Europas größter Bank HSBC[46], Stuart Gulliver, soll dem Bericht zufolge 10 Millionen Pfund Prämie erhalten, der Amerikaner Bob Diamond an der Spitze von Barclays bis zu 9,5 Millionen Pfund (dpa: NK v. 07.02.2011). Dazu passt die dpa-Meldung, dass die „Britische Wirtschaft tief in der Rezession" stecke. Das britische Brutto-Inlandprodukt sei nun seit drei Quartalen in Folge rückläufig, nachdem es im zweiten Quartal um 0,7 % im Vergleich zum ersten gesunken sei. „Das bedeutet den tiefsten Sturz seit dem

---

[46] Im Juli 2012 wurde die Bank vom US-Senat wegen ihrer „durch und durch versaute[n] Unternehmenskultur" gerügt. Die vorgebrachten Vorwürfe betrafen Geldwäsche für Terroristen und Drogenhändler. Im Dezember 2012 einigten sich die Bank und die US-Staatsanwaltschaft auf eine Geldbuße in Höhe von 1,9 Milliarden US-Dollar für die unzureichenden Kontrollen, die Geldwäsche in der Vergangenheit möglich gemacht haben (Gewinne vor Steuerabzug im dritten Quartal 2012: 3,5 Milliarden US-Dollar). Dies ist die höchste Geldbuße, die für solch eine Straftat je gezahlt wurde. (Quelle: Wikipedia zu HSBC, Stand: 01.03.2013).

Höhepunkt der Finanzkrise" (dpa: NK v. 26.07. 2012).

Nach einer Studie der Deutschen Schutzvereinigung für Wertpapierbesitz (DSW) bezogen Deutschlands Top-Manager 54 mal so viel wie ein durchschnittlicher Angestellter eines DAX-Konzerns. Im Schnitt erhielten die DAX-Vorstände für 2011 jeweils „gut 3,14 Millionen Euro", 7,9 % mehr gegenüber 2010. Im Vergleich von vor 10 Jahren haben sich die Manager-Bezüge mit plus 126 % mehr als verdoppelt (dpa: NK v. 01.08.2012).

Im Juli 2012 kritisierte SPD-Chef Sigmar Gabriel im Bayerischen Rundfunk den Bankensektor: „Derzeit ließen sich Staaten durch die Finanzbranche erpressen, weil bei Bankpleiten auch ganze Volkswirtschaften unter Druck kämen [...] Wer spielt, darf das nicht auf Kosten der Sparer und der Steuerzahler tun" (dpa: NK v. 24.07. 2012).

Unter dem Titel ‚Ende der Gehaltsbeschränkungen' teilte die Deutsche Presseagentur mit, dass die Commerzbank das Grundgehalt für ihre Führungsriege um gut 7,3 Millionen (Vorjahr 4,8 Millionen) Euro erhöht hat, nachdem die wegen der Staatshilfe bestehenden Gehaltsgrenzen weggefallen sind. Der Vorstandsvorsitzende Martin Blessing erhielt für 2012 ein Fixum von gut 1,3 Millionen Euro und verzichtete auf Boni. Die Chefs der 30 DAX-

Konzerne hätten in 2012 im Schnitt 5 Millionen Euro verdient (dpa: NK v. 20.03.2013).

SPIEGEL-ONLINE berichtet, dass der Chef von Heinz Ketchup (Pittsburgh, PA), William Johnson „213 Millionen USD kassieren" soll, wenn der Verkauf des Unternehmens Mitte Februar 2013 an die Investoren Warren Buffett und „3G Capital" für 28 Milliarden USD zustande kommt.

DER SPIEGEL schreibt, „Hohe Gehälter für Wirtschaftsbosse geraten in Europa zunehmend in die Kritik - erst recht, wenn sie zum Abschied gezahlt werden. In der Schweiz sorgte eine geplante 72-Millionen-Abfindung für den Chef des Pharmakonzerns NOVARTIS mit dafür, dass eine Volksabstimmung für die Deckelung von Managergehältern Erfolg hatte. Und die EU beschloss erst vergangene Woche Gehaltslimits für Banker […] An der Spitze der Rangliste (Anm.: der mit mehr Geld abgefundenen Manager) stand 2001 der legendäre General-Electric-Lenker Jack Welch, der zum Abschied 417 Millionen USD kassierte". (SPIEGEL-ONLINE v. 05.03.2013).

Der Financial Times zufolge überarbeiten die europäischen Banken „in aller Eile" ihre Vergütungssysteme. Damit werden die Grundgehälter der Spitzenbanker „signifikant steigen", womit die für 2014 vorgesehenen schärferen Boni-Regeln in der EU ergebnisorientiert unterlaufen werden können (SPIEGEL-ONLINE v. 11.03.2013).

In diesem Zusammenhang (und das dürfte die Initialzündung für die EU-Vorhaben gewesen sein) sollte man nochmals auf die Schweizer Volksabstimmung eingehen: 68 % stimmten für das Referendum, demzufolge die Aktionäre (und nicht mehr die Aufsichtsräte) künftig über die Höhe der Managervergütungen jährlich entscheiden müssen. Mit bis zu drei Jahren Gefängnis ist auch ein Verstoß bewehrt, der bei den sogenannten „goldenen Handschlägen beim Weggang aus einem Konzern und Begrüßungsmillionen vor dem Beginn eines Arbeitsverhältnisses oder Prämien bei Firmenkäufen und -Verkäufen". (Zit. f. viele: ntv v. 03.03.2013) sehr oft stattfindet.

Man kann nur gespannt sein, wie sich das praktisch auswirkt. Denn bei der Vernetzung von CEOs, die zugleich in anderen Aufsichtsräten sitzen und umgekehrt, dürfte es nicht allzu schwer sein, die Stimmen in der HV zu bündeln und jene Bezüge festzulegen, die der jeweilige Aufsichtsrat des betroffenen Unternehmens für sein Management wünscht - und das auf Gegenseitigkeit. Der sogenannte „Streubesitz" von Aktien bei Großunternehmen ist meist gering gegenüber den Aktienpaketen wiederum der Großunternehmen. Dazu Beispiele der Vernetzung: Josef Ackermann ist seit 2003 Mitglied im Siemens-Aufsichtsrat und zuletzt dessen zweiter stellvertretender Vorsitzender; seit 2008 ist er Mitglied des Aufsichtsrats von Royal Dutch Shell. Peter Löscher sitzt im Aufsichtsrat bei der Deutschen Bank und der Munich Re.

Klaus Zumwinkel war als Vorsitzender eines DAX-Unternehmens auch Aufsichtsratsvorsitzender der Deutschen Telekom, ferner saß er in Aufsichtsräten der Allianz, Deutschen Lufthansa und bei Morgan Stanley. Bis Dezember 2008 gehörte er dem Aufsichtsrat von Arcandor (ehemals Karstadt-Quelle) an. Gerhard Cromme war bis 2001 zusammen mit dem ehemaligen Thyssen-Manager Ekkehard Schulz Vorsitzender des Vorstands von Thyssen-Krupp, dann wechselte er als seitheriger Vorsitzender in den Aufsichtsrat. Daneben ist Cromme Vorsitzender des Aufsichtsrats von Siemens, sowie Mitglied in den Aufsichtsräten von Axel Springer AG und Compagnie de Saint-Gobain. Er war Mitglied in folgenden Aufsichtsräten: Allianz SE (bis 2012), Deutsche Lufthansa AG (bis 2007), EON AG, Volkswagen AG und anderen. Heinrich von Pierer, bis 2007 Aufsichtsratsvorsitzender der Siemens AG, hielt zehn Aufsichtsratsmandate, u. a. bei Bayer, Hochtief, der Münchener Rückversicherungsgesellschaft AG und bei Volkswagen sowie bei der Deutschen Bank. „Im Zuge der Aufarbeitung des Schmiergeldskandals hat das Renommee von Pierer stark gelitten. Nachfolger von v. Pierer wurde Gerhard Cromme, Aufsichtsratsvorsitzender von Thyssen-Krupp" [47] (Alle Angaben -und mehr- nachlesbar bei Wikipedia[48]).

---

[47] SZ v. 17. 05 2010 . „Allein zwischen 2000 und 2006 sind bei Siemens *nach Angaben des Konzerns* etwa 1,3 Milliarden Euro in dunkle Kanäle geflossen."

[48] z.B. http://de.wikipedia.org/wiki/Heinrich_von_Pierer - Leben – Stand: 01.03.2013.

Zur Versorgung der sogenannten „Wirtschaftsführer" gehören natürlich auch die großzügigen Pensionsansprüche. Der SPIEGEL gab unter dem Titel: „Exorbitante Pensionsbezüge in Deutschland" dazu einige Beispiele bekannt: „Hamburg - Deutschlands Top-Manager können nicht klagen: Nicht nur die Vorstandsgehälter sind exorbitant, längst haben sich die Bosse auch Pensionsansprüche in riesiger Größenordnung gesichert. Der Abschied aus dem Berufsleben wird mit Aktienpaketen, Übergangsgeldern und deftigen Firmenrenten versüßt. Nach einer Berechnung des SPIEGEL haben allein die 30 Dax-Konzerne für ihre amtierenden Vorstände mehr als 637 Millionen Euro für Pensionszahlungen zurückgestellt. Spitzenreiter in der Riege der Vorstandsbosse ist demnach Daimler-Chef Dieter Zetsche. Der Wert seiner bislang zugesagten Pensionsanwartschaften liegt bei 29,6 Millionen Euro. Dahinter folgen VW-Boss Martin Winterkorn mit 19,7 Millionen Euro, Deutsche Bank-Chef Josef Ackermann mit 18,8 Millionen Euro, Siemens-Chef Peter Löscher mit 12,8 Millionen Euro und EON-Chef Johannes Teyssen mit 11,7 Millionen Euro […] Die Top-Manager haben sich zudem Sonderkonditionen gesichert, die für gewöhnliche Beschäftigte nicht gelten. So können zahlreiche Dax-Vorstände ihre üppigen Renten bereits im Alter von 60 Jahren beziehen, ohne dafür einen Abschlag hinnehmen zu müssen.""[49]

IV. Was hat sich im Armutsbereich nach rund zehn Jahren unüberhörbarer Kritik geändert?

„Wir sind das fünftreichste Land der Welt" sagte der Hauptgeschäftsführer des Paritätischen Wohlfahrtsverbands[50], Ulrich Schneider, und „wir haben Armut wirklich auf *Rekordniveau*". Die Armutsgefährdungsgrenze (Limit: weniger als 60 % d. durchschnittlichen Einkommens f. d. Lebens-führung z. Vfgg.) habe 2010 mit der Quote von 15,1 % einen neuen Höchststand erreicht[51]. Nach endgültigen Zahlen des Statistischen Bundesamtes sind es 15,8 %. (bis 2015 wurden es dann 20 % vgl. FN 86)
Unter dem Titel „Steuerzahler bezahlen für Gier und Spekulation" war im Handelsblatt als Kritik zum Armutsbericht der Regierung zu lesen: „Der Graben zwischen Arm und Reich ist tiefer

---

[49] SPIEGEL-ONLINE v.22.04.2012:
http://www.spiegel.de/wirtschaft/unternehmen/dax-unternehmen-legen- 637-millionen-euro-fuer-manager-pensionen-zurueck-a-829034.html .
sowie: http://de.wikipedia.org/wiki/Dieter_Zetsche.
Beides Stand: 01.03.2013.

[50] Der Deutsche Paritätische Wohlfahrtsverband – Gesamtverband e. V. ist ein Spitzenverband der Freien Wohlfahrtspflege Deutschlands mit Sitz in Berlin.

[51] stern.de v. 20.12.2012 /
www.stern.de/panorama/armutsbericht-des-paritaetischen-wohlfahrtsverbands-den- reichen-nehmen-den-armen-geben-1944876.html.

geworden. Auf die vermögensstärksten zehn Prozent der Haushalte entfielen 53 % des gesamten Nettovermögens.[52] 1998 lag die Quote bei 45 %. Die untere Hälfte der Haushalte besaß zuletzt lediglich gut ein Prozent des Nettovermögens. 2003 waren es 3 %. Von 2007 bis 2012 hat sich das Gesamtvermögen der Haushalte trotz der Finanzkrise um weitere 1,4 Billionen erhöht." (Handelsblatt v. 06.03.2013) - *Anmerkung*: aus den Prozentzahlen kann man erkennen, wem diese Billionen im Wesentlichen zugeflossen sind.

Auch die SZ kritisiert den Armutsbericht: „Trotz Krise - die Reichen immer reicher" - Das private Nettovermögen - dazu gehören etwa Immobilien, Bauland, Geldanlagen oder Ansprüche aus Betriebsrenten - erhöhte sich den Angaben zufolge allein in der Krisenperiode zwischen 2007 und 2012 um 1,4 Billionen Euro. Der Anteil des obersten Zehntels sei dabei immer weiter gestiegen. 1998 belief er sich laut den amtlichen Zahlen bereits auf 45 Prozent, 2008 befand sich in den Händen dieser Gruppe der reichsten Haushalte bereits mehr als 53 Prozent des Nettogesamtvermögens." Die untere Hälfte der Haushalte verfüge über nur gut ein Prozent des

---

[52] Das ist der Stand von 2008, neuere Zahlen liegen lt. Handelsblatt noch nicht vor. Dietmar Neuerer: „Fakten zum neuen Armuts- und Reichtumsbericht" - www.handelsblatt.com/politik/deutschland/reaktionen-auf-armutsbericht-steuerzahler-bezahlen-fuer-gier-und-spekulation/7886202.html v. 06.03.2013.

gesamten Nettovermögens, heißt es in dem Bericht weiter. (SZ **v.**19.09.*2012).*
Das Handelsblatt schreibt dazu, aus dem Bericht gehe auch hervor, dass „von Armut bedroht sind zwischen 14 und 16 % der Bundesbürger […]
Der Bericht […] ist sehr umstritten, weil mehrere Passagen auf Wunsch des Wirtschaftsministers Philipp Rösler gestrichen wurden" (Handelsblatt v. 06.03.2013).

Mit Blick auf den Begriff *„politische Verantwortung"* ist es interessant hervorzuheben, welche Aussagen aus dem Entwurf von Mitte September 2012 im Vergleich zu dem im Februar 2013 vom Kabinett verabschiedeten „Vierten Armuts- und Reichtumsbericht" auf welche Weise verändert wurden. Die Frage bleibt dann nur, *welche Konsequenzen* dieses „Tragen von Verantwortung" haben wird, wenn in etwa zwei Jahren objektiv ermittelte Zahlen des Statistischen Bundesamtes dem Ursprung oder der Veränderung recht geben.
Unter dem Titel: „Regierung entschärft Armutsbericht" war in ‚tagesschau.de' zu lesen:
„Die überarbeitete Fassung vom 21. November (2012) unterscheidet sich deutlich von einem Entwurf von Mitte September […] die Aussagen „Die Privatvermögen in Deutschland sind sehr ungleich verteilt" und „dass die Lohnentwicklung im oberen Bereich positiv steigend war, die unteren Löhne in den vergangenen zehn Jahren

aber „preisbereinigt gesunken" seien […] sind in dem jüngsten Bericht *nicht* mehr enthalten." [53]

Ferner heißt es : „Die Einkommensspreizung habe demnach zugenommen, verletze somit ‚das Gerechtigkeitsempfinden der Bevölkerung' und könne ‚den gesellschaftlichen Zusammenhalt gefährden'" - „In der ersten Fassung hatte noch gestanden, dass manchen Alleinstehenden mit Vollzeitjob der Stundenlohn nicht für die Sicherung des Lebensunterhalts reiche. Jetzt heißt es nur noch, dass dies die Armutsrisiken verschärfe, sozialen Zusammenhalt schwäche und diese Entwicklung ‚kritisch zu sehen' seien. […] Auch der Satz: „Allerdings arbeiteten im Jahr 2010 in Deutschland knapp über 4 Millionen Menschen für einen Bruttostundenlohn von unter sieben Euro" wurde gestrichen".

In der Zeitschrift Stern wurde das Statistische Bundesamt mit folgender Aussage zitiert:

„Jeder sechste Deutsche von Armut betroffen. Ausgegrenzt und arm - so fühlen sich in Deutschland mittlerweile über 5 % der Bevölkerung, das ergab die Studie "Leben in Europa 2011". Über 12 Millionen Deutsche sind von Armut bedroht. Aus Geldmangel fühlen sich 5,3 % der Menschen in Deutschland ausgegrenzt und arm. Sie können ihre Miete oder Rechnungen nicht rechtzeitig bezahlen, ihre Wohnung nicht ausreichend heizen, sich nicht mindestens jeden

---

[53] tagesschau.de / www.tagesschau.de/inland/armutsbericht106.html Stand: 28.11.2012 / dito: SZ v. 06.03.2013 dazu auch Kommentar „Geschönter Armutsbericht der Regierung / Ich mach' mir die Welt, wie sie mir gefällt" Th. Öchsner, aaO.).

zweiten Tag eine vollwertige Mahlzeit leisten oder nicht in Urlaub fahren. Das ist das Ergebnis der Erhebung „Leben in Europa 2011“, für die in Deutschland rund 13.500 Haushalte befragt wurden. Die Betroffenen könnten nur eingeschränkt am gesellschaftlichen Leben teilnehmen, berichtete das Statistische Bundesamt in Wiesbaden am Dienstag. Die Armutsgefährdungsquote in Deutschland beträgt 15,8 %. Das heißt, 12,8 Millionen Menschen sind von Armut bedroht, weil ihr Einkommen weniger als 952 Euro im Monat beträgt.“[54]

Die Bundesregierung behauptet in ihrem Bericht, das „Armutsrisiko ist nicht gestiegen“[…] „Das Armutsrisiko in Deutschland liegt mit 15,8 % unter dem Durchschnitt der EU (16,9 %); wir stehen im internationalen Vergleich sehr gut da. Wir gehören zu den Staaten, die am stärksten die Ungleichheit der Einkommen durch Steuern und Sozialtransferleistungen ausgleichen“[55].
Auch DIE WELT stellt nur heraus, dass mit 15,8 % Armutsrisiko Deutschland ein günstigeres Ergebnis aufweise, als der EU-Durchschnitt[56].

---

[54] www.stern.de/panorama/statistisches-bundesamt-jeder-sechste-deutsche-von-armut-betroffen-1914067.html / Stand: 23. Oktober 2012. / ebenso DIE ZEIT: www.zeit.de/gesellschaft/zeitgeschehen /2012-10/armut-deutschland - Stand: 23.10.2912.

[55] www.bundesregierung.de/Content/DE/Arti kel/2013/03/2013 v. 06.03.2013.

[56] DIE WELT v. 27.03.2013 – www.welt.de/wirt-schaft/article114804107/Deutschland.

Man wird der Bundesregierung vorhalten müssen, dass der EU-Vergleich nicht nur mutig ist, sondern ‚hinkt', weil er Länder wie Italien (19,6 %), Griechenland (21,4), Spanien (21,8 %) und andere Länder mit Quoten von über 20 % einbezieht, deren Bruttoinlandprodukt (BIP) gegenüber der wirtschaftlich ‚boomenden' Bundesrepublik stark abfällt. Im übrigen verträgt sich die Aussage „das Armutsrisiko ist *nicht* gestiegen" keinesfalls mit den Pressemitteilungen des Statistischen Bundesamtes. So lautet dessen Mitteilung:

„WIESBADEN - 15,8 % der Bevölkerung Deutschlands - das sind rund 12,8 Millionen Menschen - waren 2010 armutsgefährdet. Gegenüber 2009 (15,6 %) und 2008 (15,5 %) blieb die Quote damit auf einem vergleichbaren Niveau. Dies teilt das Statistische Bundesamt (Destatis) als ein zentrales Ergebnis aus der Erhebung LEBEN IN EUROPA 2011 mit."[57] Und der ‚Datenreport 2011' des Statistischen Bundesamtes weist die Quote für 2007 mit 15,2 % aus.[58]

Die Aussagen, „Ein vergleichbares Niveau" oder „nicht gestiegen" dürften anders aussehen, wenn man sich die schrittweise Steigerung von 2007 mit 15,2 % bis 2010 mit 15,8 % vergegenwärtigt,

---

[57] Pressemittlg. d. Stat. BA Nr. 362 vom 17.10.2012: www.destatis.de/DE/PresseService/Presse/Pressemittei lungen/2012/10/PD12_362_634pdf.pdf?__blob=publica tionFile.

[58] Datenreport 2011 - Ein Sozialbericht f.d. BRD- Bd. I, S. 155.

denn die Steigerungsrate macht rund ½ Million Menschen aus.

Die Bundesregierung verteidigte den Bericht noch vor der Verabschiedung durch das Kabinett mit dem Hinweis, er sei „noch nicht fertig"; Regierungssprecher Seibert: „In der Abstimmung zwischen mehreren Arbeitsebenen, Gutachtern und den Ressorts verändern sich die Texte, dies ist ein normaler Vorgang. Sobald der fertige Bericht vorliege, werde erkennbar sein, dass er ein realistisches, problembewusstes Bild über Armut und Reichtum in Deutschland zeichnet".[59]

Der Berliner Tagesspiegel zitiert den Berliner Erzbischof, Kardinal Rainer Maria Woelki zum Armuts- und Reichtumsbericht (mit Woelkis Forderung nach einer stärkeren Besteuerung von Vermögen) u.a. wie folgt: „Es kann nicht sein, dass nur etwa 10 % der reichsten deutschen Haushalte 58 % des Privatvermögens besitzen […] Der Armuts- und Reichtumsbericht der Bundesregierung habe deutlich gemacht, dass die Kluft zwischen Arm und Reich immer größer werde […] Es dürfe nicht soweit kommen, dass sich die reichen eine Medizin erster Klasse leisten können und die anderen nur eine zweiter oder dritter Klasse."[60] Der Tagesspiegel schreibt weiter: „Woelki kritisierte auch die hohen

---

[59] wie FN 51.
[60] DER TAGESSPIEGEL v. 30.03.2013 / www.tagesspiegel.de/wirtschaft/ armuts-und-reichtumsbericht.

Managergehälter. ‚Früher konnten Manager gut von 500.000 Euro Jahreseinkommen leben, ohne dass sie Hunger leiden mussten. Ich kann nicht nachvollziehen, dass es heute zwei, drei oder fünf Millionen Euro sein müssen'. Das stehe ‚in keinem Verhältnis mehr zur Leistung oder zu anderen Einkommen'".

V.   Die sogenannte „Verantwortung" der Politiker für die Staatsschulden mit Blick auf die nächste Generation

In Deutschland sind die Staatsschulden im Jahr 2011 um 32 Milliarden Euro gegenüber dem Vorjahr auf 2,088 Billionen (das sind 2088 Milliarden) gestiegen. Das waren 81,2 % des Bruttoinlandprodukts (BIP / Richtwert der EU-Maastrichtkriterien sind 60 %) Die Schulden der Gebietskörperschaften wie auch der Sozialversicherung einschließlich zuzurechnender Extrahaushalte sind darin erfasst. (dpa in NK v. 18.04.2012).
Die Verschuldung Deutschlands besteht aus den zusammengefassten Schulden von Bund, Ländern, Gemeinden, gesetzlicher Sozialversicherung und Sondervermögen des Bundes bei in- und ausländischen Kreditgebern. Der Schuldenstand der Bundesrepublik Deutschland betrug am 31. Dezember 2012 lt. *Destatis* 2.065 Milliarden Euro bei einem BIP von 2.758 Mrd. Euro, eine Verschuldung von etwa 74,9 %

zum BIP. [61] „Im Jahr 2016 betrug das Brutto-Inlandsprodukt Deutschlands rund 3,14 Billionen Euro, die Verschuldung lag bei 2007 Mrd.", mithin wurde eine Schuldenstandsquote von knapp 64 % erreicht[62].

Daraus ergibt sich unbestreitbar, dass die günstigere Schuldenstandquote nicht durch Schuldenabbau, sondern durch die Steigerung des BIP erzielt wurde. Das BIP ist in diesem Zeitraum um rd. 386 Mrd. Euro gewachsen, bildet also einen höheren Nenner. (Vgl. auch FN 103 / 104).

„USA sind stärker verschuldet als Griechenland [...] Katastrophale Perspektive für die USA: Laut einer Studie liegt die Schuldenlast auf einem höheren Niveau als die Griechenlands – *wenn man die Verpflichtungen der Sozialkassen mit-rechnet.*"[63] [...] „Europa und die USA versinken im Schuldensumpf. Trotz der Bemühungen um Haushaltssanierung befinden sich die meisten EU-Länder sowie die Vereinigten Staaten weiterhin in einer Schieflage. Dies zeigt das internationale Schuldenranking, das der Freiburger Finanzwissenschaftler Bernd Raffelhüschen (u.a. Berater Europäische

---

[61] https://de.statista.com/statistik/daten/studie/154798/ umfrage/deutsche-staatsverschuldung-seit-2003/-

[62] https://de.statista.com/statistik/daten/studie/1251/um frage/entwicklung-des-bruttoinlandsprodukts-seit-dem-jahr-1991/ -

[63] Dorothea Siems in DIE WELT v. 06.12.12 = http://www.welt.de/wirtschaft/article111865856/USA-sind-staerker-verschuldet-als-Griechenland.html.

Kommission, Generaldirektorat für Wirtschaft und Finanzen, Brüssel) im Auftrag der Stiftung Marktwirtschaft erstellt hat. Und für die nächsten Jahre prophezeit der Ökonom für einen Großteil der Staaten eine weitere Zunahme der Staatsverschuldung.[…] Dramatisch ist vor allem die sogenannte Nachhaltigkeitslücke der USA. „Denn Washington weist mit einem Schuldenstand von 110 Prozent des Bruttoinlandsprodukts (BIP) nicht nur eine extreme, explizite Verschuldung aus." schreibt Dorothea Siems in DIE WELT (FN 63).

Zwar sind die jeweiligen Potentiale des BIP zwischen Griechenland und den USA nicht vergleichbar, aber die horrenden Defizite der US-Rentensystemen und Pensionsfonds beschreibt Heike Buchter unter Berufung auf offizielle amerikanische Quellen (CBO-Rechnungshof, FERS, Pew Center on the States, Milliman) wie folgt:

Der Social Security (Staatliche Pflicht-versicherung) werden bis 2033 633 Milliarden USD fehlen, bei den Betriebspensionskassen (100 Unternehmen in USA) fehlen 327 Milliarden, 1,4 Billionen beträgt die Unterdeckung bei den Pensionsfonds der Bundesstaaten, den 61 Großstädten in USA fehlen 217 Milliarden um die Pensionen zu finanzieren, und 630 Milliarden USD weitere Rückstellungen sind für die Pensionen von Bundesbeamten erforderlich. Das läuft auf eine Gesamtsumme von gut 3,2 Billionen USD hinaus.[64]

„Spaniens Schulden sind trotz der Sparpolitik auf einem Rekordhoch: Die Verbindlichkeiten des Staates beliefen sich im ersten Quartal dieses Jahres auf 923 Milliarden Euro, wie die Madrider Zentralbank mitteilte. Das entspreche 88,2 Prozent des Bruttoinlandsprodukts.
Im vorigen Quartal hatte die Quote noch vier Prozentpunkte niedriger gelegen. Ziel der Regierung von Ministerpräsident Mariano Rajoy ist es, dass in diesem Jahr die Schulden nicht über 91,4 Prozent der Wirtschaftsleistung steigen." titelt Zeit-Online[65]

Zu Griechenland liest man bei Wikipedia: „Ende 2012 hatte Griechenland laut Eurostat einen Schuldenstand in Höhe von 156,9 % des BIP. Italien, Portugal, Irland und Deutschland wiesen folgende Werte auf: 127,0 %, 123,6 %, 117,6 % und 81,9 % des BIP. [...] Am Ende des Vorjahres 2011 hatte Griechenland einen Schuldenstand in Höhe von 170,3 % des BIP (2. Platz Italien 120,8 %, 3. Platz Portugal 108,3 %, 4. Platz Irland 106,4 % und 9. Platz Deutschland 80,4 %).

---

[64] Buchter: „Amerika auf der Klippe- Die Vereinigten Staaten im Kampf gegen die Schulden: Rentensysteme und Pensionsfonds überfordern den Staat" in DIE ZEIT Nr. 10 v. 28.02.2013.

[65] ZEIT-Online – Wirtschaft- v. 14.06.2013 „Spaniens Schulden erreichen Rekordwert" http://www.zeit.de/wirtschaft/2013-06/spanien-staatsverschuldung-rekord.

In absoluten Zahlen ausgedrückt, wuchs der Schuldenstand von 299,68 Mrd. Euro (2009) […] auf 355,65 Mrd. Euro (2011) an. 2012 sank der Schuldenstand auf 303,91 Mrd. Euro. Ein Schuldenerlass aus dem März 2012 in Höhe von 107 Mrd. Euro im Rahmen des „zweiten Hilfspakets trug zur Senkung des Schuldenstandes bei."[66]

Zur Veranschaulichung der politischen ‚Verantwortung' gegenüber unserer Nachwelt zum Thema Deutschlands ‚Staatsschulden' hat der Bund der Steuerzahler folgendes Gedankenspiel veröffentlicht:[67]
„Bund, Länder und Gemeinden sowie ihre Extrahaushalte waren am 30. September 2012 mit rund 2.064 Milliarden Euro verschuldet. Ab sofort werden keine Schulden mehr aufgenommen und die Öffentliche Hand gesetzlich verpflichtet, neben allen anderen Ausgaben *jeden Monat* eine Milliarde Euro an Schulden zu tilgen. Mit dieser Verpflichtung würde es bis ins Jahr 2184 dauern, um den Schuldenberg der BRD vollständig abzutragen."

Nach diesen Zahlen fragt man doch: Welche Art „Verantwortung" tragen unsere Politiker, wenn man an unsere Nachkommen denkt? Welche

---

[66] wikipedia: Griechische Staatsschuldenkrise ab 2010 –
Stand: 11.08.2013
http://de.wikipedia.org/wiki/Griechische_Staatsschulden
krise_ab_2010.
[67] Bund d. Steuerzahler e.V. / http://www.steuerzahler.de/
Verschuldung/ 7688c8973i1p477/ Stand: 01.03.2013.

„Haftung" könnte denn greifen und bei wem? Kann man nicht von „Missbrauch"' des Begriffs „Verantwortung" sprechen, wenn wie hier in Wahrheit nur eine folgenlose „„Zuständigkeit" oder eine folgenlose „Schuld" gemeint sein kann? (Notabene, hier wird nicht etwa für eine persönliche Haftung von Bundeskanzler und Finanzminister plädiert, wohl aber für die richtige Verwendung des Begriffs „Verantwortung".)

VI.   Heute anhaltend geltende Ausblicke:

Man mag all diese Schlaglichter, weil nur unmittelbar themabezogen aus zahlreichen zur Verfügung stehenden Medien zusammengestellt, als „tendenziös" oder gar „klassenkämpferisch" abtun, oder mit dem Satz „Geld regiert die Welt" und einem Schulterzucken, wenn auch etwas naiv geprägt, die laufend ergänzungsfähigen Beispiele ad acta legen. Dennoch wird der Versuch legitim sein, diese offensichtliche Entwicklung von sogenannter „Verantwortung" in der globalen Wirtschaft speziell für Voreingenommene ethisch zu hinterfragen. Vielleicht ergeben sich daraus nachdenkenswerte Phänomene, die dann sicher Handlungsbedarf signalisieren würden.

Bei jenem Streben nach Reichtum und Macht - oft aus Angst und Unsicherheit geboren und als alleiniger Beleg für Erfolg im Leben verkannt, doch selten genug so angeprangert - weisen Vorausdenkende darauf hin, dass am Ende dieser heute primär im industrialisierten Westen fortschreitenden Kette der Symptome wohl nur eines stehen kann: Ein Aufstand der unteren Klassen, verbunden mit einer Modalität des Terrorismus, wie insgesamt einem immensen Zuwachs an Kriminalität, vor allem in den Städten. Brasilien ist ein Beispiel, die USA sind auf dem Weg dorthin. Wohlhabende leben dort jetzt schon oft in einem eingezäunten Ghetto mit Sicherheitspersonal am Schlagbaum oder der Tür. Man muss die Entwicklung nur zu Ende denken.

Der Schriftsteller Rolf Hochhut erklärte im Zusammenhang mit seinem Theaterstück „McKinsey kommt": „Uns heute wird schon gar nicht mehr bewusst, welches Verbrechen das eigentlich ist, wenn ein Arbeitgeber nach einem Rekordgewinn seine ‚Knechte' wegschmeißt […] Warum sollte da nicht einer schießen? Die Geschichte lehrt, es kann dazu kommen […}"[68]

Je mehr sich die reiche Klasse abschotten wird, mit Personenschutz und eigenen Schulen und eigenen, nur ihr und den Nachkommen finanziell zugänglichen Universitäten, mit Zäunen und Wänden um ihre Villen in ihren Stadtteilen und mit ihren dann vielleicht gepanzerten Fahrzeugen zu ihren Golfplätzen fahren, um hinter Elektro-zäunen zu spielen, desto sicherer werden sie eines derzeit noch fernen Tages, um ihre Unversehrtheit fürchtend, davongejagt werden. Einige süd- und mittelamerikanische Länder könnten dafür heute schon Wegweiser sein. Weise also, wer einen Kurs der Mäßigung steuert, wer die Mittelklasse stärkt und alle Infrastruktur

---

[68] dpa: NK v. 25. Jan. 2004 über ein Gespräch Hochhuts m. d. Zeitung ‚Märkische Allgemeine'.

sichern hilft, die schon immer Geld kostete, wer also der Leistung nicht den erreichbaren, sondern einen eher angemessenen - dazwischen auch sozialen - Wert beimisst und Monopolen wie auch monopolistischen Interessen entgegenwirkt, in geschäftlichen, politischen wie auch letztlich in privaten Macht-Bereichen. Man könnte auch sagen: Wer im herkömmlichen Sinn global „verantwortlich" handelt und sich auch so verhält. (Vgl. Jonas FN 4), nämlich vor allem ohne Gier.

Es klingt zwar banal, wenn man sagt, wir sind alle keine Persönlichkeiten wie Mutter Theresa oder Mahatma Ghandi, aber bis hin zu deren Lebensleistung und Lebensvorbild gibt es ein riesiges Terrain für Humanität, welches verdienstvoll schrittweise betretbar bleibt, je nachdem wie weit man ethische Kriterien bei sich zulässt. Es wäre zwar zu einfach, einem Lamborghini-Besitzer vorzuhalten, ob er denn nicht wisse, dass heute 870 Millionen Menschen in der Welt hungern, denn die Porsches, Jaguars oder Ferraris ernähren ja viele Tausend Menschen, andererseits werden die Generationen nach uns an unserem „Verbrauch" dieses Planeten und unseren Egoismus zu leiden haben.

Wer heute seine finanzielle Macht nutzt, um sein geschäftliches Potenzial ins von billigeren Arbeitskräften und niedrigeren Steuern geprägte Ausland zu verlagern (und diese Verlagerung auch noch steuerlich bei seiner hiesigen Haupt-verwaltung absetzt), nicht etwa aus europäisch-altruistischen, sondern aus Gründen der Maximierung des „Shareholder value" oder der Expandierung eigener, auch finanzieller Machtstellung, gleichzeitig aber seinen Wohnsitz in hiesiger, weitgehend gesicherter Umgebung beibehält, die Krankenversorgung, die Verkehrswege und Lernmittelfreiheit für sich und die Seinen nutzt - gemeint ist die selbstverständliche Inanspruchnahme der gesamten kostspieligen Infrastruktur dieses Landes, für deren Steuer- und Nebenkosten-Anteil er aus Gründen eigener Gewinnmaximierung nicht mehr zu zahlen bereit ist, der wird sehr bald zweierlei Ergebnisse merken: Die Infrastruktur wird als erstes, zumindest für seine Nachkommen, wegbrechen. Er wird aber auch auf Dauer sein Unternehmen und seine Stellung nicht halten können, weil ihn oder seine Nachfolger die sozial entstehenden Unruhen am Ende vernichten werden.

Er wird natürlich den Vorwurf, er lebe überwiegend auf Kosten anderer, weit von sich weisen, denn er schaffe doch im Ausland Arbeitsplätze usw. Er wird nicht sehen wollen, dass der Gewinn, den er macht, kein fairer, ethisch tragbarer Gewinn ist. Er wechselt den Teil seiner sozialen Umgebung, der ihn samt seines Unternehmens geboren und getragen hat, in einen anderen mit niedrigeren Arbeitskosten oder niedrigerer Steuer, um, wohlgemerkt *schon daraus* Gewinn zu ziehen. Er wird natürlich nicht zugeben, dass sein Unternehmen auch mit dem hier zu erwirtschaftenden Gewinn hätte weiterhin florieren und dem Wettbewerb standhalten können, vielmehr wird er uns vorhalten, dass man in einer global ausgestalteten Wirtschaftswelt auch dem globalen Markt ausgesetzt sei und eben dieser Markt universal alles bestimme, was das

wirtschaftliche Überleben betrifft, einschließlich
der betroffenen Arbeitnehmer, für die ebenfalls
ein Markt gelte. Unstrittig dürfte aber sein, dass
der Begriff „Markt" kein Synonym für
„Verantwortung" darstellt.

Vielleicht gibt es noch viele unter uns, die bei
diesem und nachstehendem Text noch lächeln,
wenn sie Günter Grass in „Die Zeit" lesen: [69]
„Nicht mehr die gewählte Regierung, kein
Kanzler bestimmt die Richtlinien der Politik: an
ihrer Stelle herrschen unlegitimiert die Vorstände
der gebündelten und sich global verflüchtigenden
Wirtschaftsmacht [...] Was ist das Papier noch
wert, auf dem unsere Verfassung steht, wenn ihm
tagtäglich, gepaart mit Drohgebärden – ‚entweder
gibt die Regierung nach, oder wir wechseln den
Standort' – Hohn gesprochen wird?"

In seinem Aufsatz „Freiheit nach Börsenmaß –
Die Politik ist machtlos gegen die Ökonomie; das
gefährdet die Deutsche Demokratie" hat Grass im
Jahr 2005 vorausschauend die heutige Situation
kritisiert[70]. Über „die wachsende Macht des
Kapitals", die „rücksichtslos" die Handlungsfähigkeit des Staates reduziere, sprach damals
auch Franz Müntefering im Rahmen des neuen
Grundsatzprogramms der SPD.[71] Wenn der

---

[69] DIE ZEIT Nr. 50 v. 09.12.1999 - Edzard Reuter in: „Rat
lose Zauberlehrlinge" zitiert Grass.
[70] DIE ZEIT Nr. 19 v. 04.05.2005, S. 1.
[71] dpa: NK v. 14.10. 2005 /M. erhielt Unterstützung bei
seiner Kritik durch den Arbeitnehmerflügel der CDU
(siehe: NK v. 02.05.2005).

frühere Ministerpräsident von Bayern, Stoiber, diese Aussage als „platte Kapitalismus-Kritik" bezeichnet, welche außerordentlich schädliche Wirkung für uns im Ausland habe, denn „wenn jemand Kapital für Investitionen um Deutschland herum lenken will, muss er es so machen wie Müntefering"[72], dann sind die Prioritäten Stoibers erkennbar: Zuerst das Kapital, dann der Arbeitnehmer, dann vielleicht auch die Demokratie, deren Handlungsfähigkeit Müntefering als gefährdet ansieht. Uwe Jean Heuser, promovierter Volkswirt und Leiter des Ressorts ‚Wirtschaft' bei DIE ZEIT, schlug in dieselbe Kerbe: „Müntefering Kritik am Kapitalismus verunsichert ausländische Investoren und schadet Deutschland"[73] – auch hier wäre zu entgegnen: Welche Prioritäten setzen Sie? Kapital oder demokratische Politik? Ist die Wirtschaft für den Menschen oder umgekehrt?

Der damalige Ratsvorsitzende der Evangelischen Kirche in Deutschland (EKD), Bischof Wolfgang Huber, kritisierte bei der zehnten EKD-Synode in Magdeburg 2004 die „Erosion des Vertrauens" auch in der Wirtschaft und forderte alle Menschen in „öffentlicher Verantwortung" auf, zu einem neuen Vertrauen „in die Grundregeln der Gesellschaft beizutragen". Dieser Aufruf, sagte er, gelte ausdrücklich auch für die Inhaber wirtschaftlicher Leitungspositionen[74].

---

[72] Fried/Bovensiepen in SZ v. 19.04.2005, S.5.
[73] DIE ZEIT Nr. 19 v. 04.05.2005, Heuser: „Der Barbar im Haus".
[74] SZ Nr. 259 v. 08.11.2004.

Vielleicht aber wird nicht mehr gelächelt, wenn man im Jahr 2013, vom SPD-Kanzlerkandidaten liest: „Die Politik ist zunehmend in Europa erpressbar gegenüber Banken und großen Investorgruppen",[75] von einem Mann, dem man im Rahmen des „Fettnäpfchen-Vorwurfs" letztlich Grundüberzeugungen vorwirft, die er angeblich opportunistisch verheimlichen würde. So ist z. B. sein Ausspruch „Es ist keineswegs angemessen, dass Sparkassendirektoren mehr verdienen als der Bundeskanzler" nicht erst im Wahlkampf 2013 gefallen, sondern schon im Jahr 2003, als er noch NRW-Ministerpräsident war.[76] Die Medien haben das nie erwähnt, obwohl ganz leicht recherchierbar. Warum wohl?

Wer aus der Geschichte nichts lernen kann, (z.B. dass eine gesunde Mittelschicht stets der stabilisierende Faktor einer demokratisch geführten Nation ist) der wird - soweit er lesen kann und will - begreifen können, dass sich die Polarisierung zwischen Habenden und Nicht-Habenden immer wieder durch die Gewalt der Zerstörung entlädt. Das gilt für Besitz und Recht, für Grenzen und Zugangsbeschränkungen, für Meinungsterror und für Privilegien bei Trinkwasser und im Umweltschutz und auf unzähligen anderen Gebieten, auch des internationalen Terrorismus.

---

[75] Peer Steinbrück in Brüssel über die europäische
   Sparpolitik / DIE ZEIT Nr. 9 v. 21. 02. 2013.
[76] NK v. 10.09.2003, mit Verweis auf die „BamS".

Edzard Reuter schreibt in DIE ZEIT z. B.: „Der Primat der Politik ist eine Überlebensfrage der Demokratie". [77]

VII. Warum sollte man den Begriff „Verantwortung" nur apostrophiert verwenden?

Eine alte Pressemeldung lautete z. B.: „15 Millionen für Pischetsrieder? Berlin/München. Der bisherige BMW-Vorstandsvorsitzende Bernd Pischetsrieder kann nach Informationen der Zeitung ‚Die Welt' mit einer Abfindung von rund 15 Millionen Mark rechnen". Die Zeitung stützt sich bei ihrer Zahlenangabe – „dies wäre eine der höchsten Abfindungen in der deutschen Unternehmensgeschichte" - auf die angeblich 50monatige Restlaufzeit seines Vertrages, ein angenommenes Jahresgehalt Pischetsrieders von 3,5 Millionen Mark und die „üblichen Regeln für das Ausscheiden von Topmanagern." [78]

Welche hier überzeugende Definition für „Verantwortung" gibt es, die jenen Begriff am Beispiel der „Wirtschaftsbosse" gedanklich erschließen könnte?

Da steht jemand einem großen Unternehmen vor, von dessen Funktionieren über die Arbeitnehmer

---

[77] Vgl. FN 68 - DIE ZEIT Nr. 50 v. 09.12.1999 – (E.R. war von 1987 bis 1995 Vorstandsvorsitzender der Daimler-Benz AG).

[78] dpa: NK v. 10.02.99.

Tausende von Haushalten total abhängig sind, wofür dieser jemand gut bezahlt wird und dessen Vertrag noch einige Jahre läuft. Dieser jemand setzte dem Unternehmen durch Fehlentscheidungen (z.B. Rover,[79] GB) kostenmäßig so zu, dass er vom Aufsichtsrat (getrieben durch die Shareholders) nun „ausgebootet" wird. Aufgrund der rechtlichen Struktur seines Vertrags hat er Anspruch auf dieses Geld, das ihn den Rest seines Lebens völlig problemlos in Umständen fristen lässt, worüber sich der Normalbürger nur die Augen reiben kann. Schon bei der primitivsten Drei-Prozent-Geldanlage, ergibt sich in dieser Rechnung ein Jahreseinkommen in der Größenordnung von 450.000 DM brutto. Von den bekannten unverhältnismäßig üppigen und teils frühen Pensionen ganz zu schweigen.

Worin liegt also die „Verantwortung", die dieser jemand angeblich getragen hat? Worin besteht seine „Antwort" auf sein Versagen? Wo beginnt seine Haftung oder gar eine Wiedergutmachung?

Demgegenüber ein anderes Bild zum Thema Haftung: Der Fliesenleger mit einem Drei-Mann-Betrieb begeht eine Fehlentscheidung, dann verliert er Haus und Hof samt aller Ersparnisse. Er haftet total. Der CEO haftet (wenn man das so

---

[79] dpa: NK v. 13/14.11. 2004: Die 5 Vorstandsmitglieder v. Rover erhielten 2003 insges. 24 Millionen Euro Gehalt bei einem Unternehmensverlust von 133 Millionen - „Es ist eine Schande, dass sich der Rover-Vorstand mehr zahlt, als der Vorstand von BMW" sagte der brit. BMW-Chef O'Donnell beim Verkauf dieser BMW-Tochter.

sagen will) allein mit seinem „Job" und erhält sogar noch die Vergütungen für die Laufzeit seines Vertrages samt der oft exorbitanten Pensionsanwartschaften und haftet aber kaum mit seinem Privatvermögen.

Eine Neid-Diskussion wird hier nicht geführt. Hier geht es vielmehr um den Begriff „Verantwortung", der eben manchmal eher „Zuständigkeit oder Schuld" heißen müsste und leider mit „Wiedergutmachung" so gut wie nichts zu tun hat.

Wenn heute ein Großunternehmen stagniert oder rote Zahlen schreibt, gilt das geflügelte Wort: „Gesundschrumpfen", was bedeutet, dass Abertausende von Arbeitnehmern entlassen werden, bei Siemens, bei der Telekom, bei Holzmann oder Mannesmann, bei der Maxhütte oder wie im Oktober 2002 angekündigt: 14.000 bei der Deutschen Bank.[80]

Ist es denn seit der Hanse eine kaufmännische Tugend, als erstes Mittel Entlassungen vorzunehmen, wenn es dem Betrieb schlechter geht? Braucht es die „Verantwortung" eines Top-Managers, als erstes diese - gewissermaßen – „Primitiv-Maßnahme" vorzunehmen, die jeder kaufmännisch Ausgebildete so entscheiden könnte? Natürlich richtet sich der Vorwurf auch und primär gegen die „Shareholders", die dem Top-Manager das Leben schwer machen, falls er

---

[80] Vgl. dazu die einschlägige lange Listung im Handelsblatt v. 17.10.2001.

nicht die richtigen Zahlen zu liefern imstande sein sollte. Wenn dieselben Arbeitnehmer in guten Zeiten den Gewinn miterarbeitet haben, steht für „Verantwortung" des Managements auf eine wirtschaftliche Flaute dann jene Reaktion einer Entlassung? Ist das die Ethik der für fähig und für qualifiziert gehaltenen, gut bezahlten Wirtschaftsführer, auch in Zukunft? Handelt es sich hier um eine Folge der „Verantwortung"?

Edzard Reuter (aaO/FN 68) hat das Problem schon 1999 auf den Punkt gebracht:
„Allzu leicht ist es, im Chor der großen Mehrheit mitzuheulen, die ‚Profit - Profit' als Wunderheilmittel auf ihre Fahnen geschrieben hat; Nachdenken oder gar Handeln auf der Grundlage ethischer Verantwortung ist mühevoller. Mancher, der sich mit stolzgeschwellter Brust und vollem Portemonnaie vorgaukelt, er treibe die wirtschaftliche Entwicklung des eigenen Unternehmens oder gar der Menschheit voran, trägt als Getriebener, als Gefangener eines Systems dazu bei, dass am Ende des Geschehens nicht Freiheit, Friede und Wohlstand für alle, sondern ein Rückschlag in Chaos und Auseinandersetzung stehen könnte. Das Zeitalter, in dem unternehmerische Verantwortung auf weit mehr zielt, als nur auf die Vermögensmehrung der Anteilseigner, ist nicht zu Ende – es hat gerade erst begonnen.[...] Wahres Verantwortungsbewusstsein richtet sich unverändert auf mehr als nur die materiellen Interessen der Geldgeber: es richtet sich auf die Menschen, die von den Unternehmen abhängig

sind. Und es richtet sich auf das Wohl der Gemeinwesen, in denen die Unternehmen arbeiten. Nur wer dies verstanden hat, wird dazu beitragen, jenes Ethos am Leben zu erhalten, das allein geeignet ist, unternehmerisches Wirken dauerhaft zu legitimieren [...] Es geht darum, gegenüber der Zügellosigkeit wirtschaftlicher Egoismen den Primat des Politischen wiederherzustellen, der konstitutiv für die demokratische Staatsidee ist.[...]"

Im Rahmen der 1994 von Siemens veranstalteten sogenannten „Bamberger Gespräche" diskutierten u. a. die Professoren Spaemann und Zimmerli über die Zukunft der „Verantwortung".[81] Dazu Spaemann: „Der Begriff Verantwortung hat m.E. überhaupt nur einen Sinn unter der Voraussetzung, dass es Kriterien der Folgenbewertung gibt. Denn Verantwortung übernehmen heißt ja, auf irgendeine Weise die Folgen zu rechtfertigen oder aber zur Wiedergutmachung bereit zu sein. In einem irdischen Kontext hat es wenig Sinn, von Verantwortung zu reden, wenn sie keinerlei Folgen für denjenigen hat, der Verantwortung trägt."
Zimmerli erklärte u. a.: „Verantwortung muss auch zeitlich limitiert sein. [...] Wenn [...] der Politikerspruch lautet: >Hierfür übernehme ich

---

[81] „Wissen verpflichtet – die Zukunft der Verantwortung"
   Siemenszeitschrift Nr. 6/ 1994, S. 28 ff / Prof. Dr.
   Robert Spaemann ist Prof. emerit. für Philosophie / Uni
   München u. Honorarprof. Uni Salzburg -
   Prof. Dr. Zimmerli ist Ordinarius f. Philosophie a.d. Uni
   Bamberg u. Uni Erlangen-Nbg.

die Verantwortung<, dann muss absehbar sein, dass der Politiker selbst in irgendeiner Weise noch für die Folgen eintreten kann" (FN 81).

Es hat damals sogar Unternehmer-Stimmen gegeben, die z. B. Müntefering Kapitalismus-Kritik von 2005 mit Verständnis begegneten. Der damalige Porsche-Chef Wendelin Wiedeking äußerte: „Bei der sozialen Marktwirtschaft müssen wir einen Ausgleich zwischen Kapital und Arbeit finden, und dieses Bemühen lassen viele Unternehmen heute vermissen, […] wenn der Pabst Kapitalismus-Kritik übe,[82] bekommen alle glänzende Augen und jubeln ihm zu. Daher muss eine solche Kritik auch Herrn Müntefering gestattet sein, […] Bei Porsche komme der Kunde an erster Stelle, „dann kommen die Mitarbeiter, dann die Geschäftspartner, Lieferanten, Händler und danach die Shareholders. Völlig unangebracht ist es, die Shareholders an die erste Stelle zu setzen", denn dadurch werde die Kraft des Unternehmens beschränkt. Wenn die Menschen Angst und keine Zukunftsvisionen mehr hätten, dann „kann das nicht anders sein, wenn der Deutsche Bank-Chef ein Spitzenergebnis verkündet und für die Verbesserung dieses Ergebnisses den Rausschmiss von 6.000 Mitarbeitern hinterherschiebt."[83]

---

[82] Wiedeking bezieht sich offensichtlich auf Johannes Paul II / Sozialenzyklika: „Das Kapital wird immer mächtiger und unmenschlicher" (Vgl. auch Prantl in SZ Nr. 89 v. 19.04.05).
[83] dpa: NK 28.04.2005.

Man sollte darüber nachdenken, dass sowohl der arbeitende ‚kleine Mann' als auch der Mittelstand für den Staatshaushalt mehr an Steuern bezahlen müssen, wenn die großen Unternehmen weniger Steuern zahlen. Wenn also riesige Summen bis hin zu exorbitanten Pensionen bei Großunternehmen und anderen Instituten für die Geschäftsleitung ausgegeben werden, dann sind das Personalkosten, die den Gewinn des Unternehmens schmälern, damit zugleich aber auch die abzuführenden Steuern und Abgaben. Daher kann man, soweit es den *exzessiven* Teil dieser ‚Kosten' betrifft, durchaus von einer Subvention durch die Steuerzahler sprechen. Auch wenn vom Staat aus gesehen die Einkommensteuer des Managers in diesem Fall natürlich netto ertragreicher einzustufen ist und zu 42,5 Prozent dem Bund zufließt; der Kommune, die für die Infrastruktur sorgt, gehen Steuern verloren.

Manager der beschriebenen Größenordnungen müssen ungeheuren Druck aushalten, von Seiten der Shareholders und des Aufsichtsrats, von Seiten der Politik wie auch von den Gewerkschaften. Es wird auch unbestritten sein, dass sie wenig Familienleben genießen können, weil sie keine 40-Stunden-Woche kennen und laufend auf Reisen sind. Daher sind sie auch gut zu bezahlen. Und dennoch: Landläufig gesprochen, fallen sie in ein gemachtes, weiches Bett, wenn sie ihren Arbeitsplatz verlieren sollten. Viele haben aufgrund ihres Renommees und trotz ihres Alters gute Chancen, beruflich erneut Fuß zu fassen und kaum einer unter ihnen, der nicht ein optimales finanzielles Polster für den Rest seines Lebens sein eigen nennt. Und das nicht nur vom Salär her, sondern vor allem durch die hohen Pensionsanwartschaften, die z. T. schon vertraglich ab 60 Jahre oder früher ohne Abschlag ausbezahlt werden.

All das hat der Fliesenleger nicht, aber er haftet mit seinem Gesamtvermögen. In seinem Fall bringt „Verantwortung" eine Verpflichtungsfolge der Wiedergutmachung seinen Gläubigern gegenüber.

Wirtschaftliche und politische „Verantwortung" sind aufgrund ihres ethischen Inhalts kein aliud für „folgenlose Schuld, Freizeichnung von Haftung oder folgenlose Zuständigkeit", und die Bezahlung, der Nimbus dieser „Verantwortungs-träger" und die öffentliche Kontrolle (z.B. durch die Medien) sollten diese Begriffe endlich sauber trennen.

Wo also findet sich wirkliche „Verantwortung" in Politik und Wirtschaft?

VIII. Nachtrag: Hat sich etwas gebessert?

Nach neuen Daten der Bundesagentur für Arbeit sind in Deutschland mehr als zwei Millionen Minderjährige auf staatliche Grundsicherung angewiesen (Hartz IV). „Trotz des anhaltenden

Wirtschaftsaufschwungs waren das dem Bericht zufolge 3,3 % mehr als im Vorjahr.[84]

Unter dem Titel: „Deutschland wird flächendeckend ärmer" bringt Der SPIEGEL[85] unter Bezug auf eine Studie d. Paritätischen Wohlfahrtsverbandes folgende Zusammenfassung:

„Die Armut in Deutschland ist deutlich gestiegen. Mit 15,7 Prozent (12,9 Mio Deutsche) befindet sie sich auf einem neuen Höchststand seit der Wiedervereinigung. Nur vier Bundesländer konnten ihre Armut abbauen - allerdings liegt die Armutsquote dort trotzdem noch über dem Bundesschnitt. Berlin und das Ruhrgebiet hingegen gelten als die armutspolitischen Problemregionen. Das Arbeitsministerium und der Städte- und Gemeindebund kritisierten die Studie." Der Spiegel betont, dass zwar die Wirtschaft floriere und das „Beschäftigungsniveau immer neue Rekorde erreiche", doch käme der Wohlstand bei *immer weniger* Menschen an. Die vom Statistischen Bundesamt abweichenden Zahlen (s.u.) gehen darauf zurück, dass der Armutsbegriff des Paritätischen Wohlfahrtsverbandes den Anteil „oder von sozialer Ausgrenzung bedroht" nicht mit einbezieht.

---

[84] E. Schatz. „Jugendarbeit nimmt zu" in NK v. 18.04.2017, S.1.

[85] Spiegel ONLINE v. 02.03.2017 / http://www.spiegel.de/wirtschaft/soziales/armutsbericht-in-deutschland-ist-die-armut-auf-neuem-hoechststand-a-1137030.html.

Das Statistische Bundesamt veröffentlichte Ende November 2016 nachstehende Armutszahlen in Prozent:

2008   2009   2010   2011   2012   2013
  20,1   20,0   19,7   19,9   19,6   20,3
2014   2015
  20,6   20,0

und stellte dabei fest:

"Der Anteil der von Armut oder sozialer Ausgrenzung bedrohten Bevölkerung in Deutschland ist nahezu unverändert[86]" und schreibt: „WIESBADEN – 20,0 % der Bevölkerung in Deutschland – das sind 16,1 Millionen Menschen – waren im Jahr 2015 von Armut oder sozialer Ausgrenzung bedroht. Seit dem Jahr 2008 ist dieser Anteil damit nahezu unverändert. Dies ist ein Ergebnis der Erhebung „LEBEN IN EUROPA" (EU-SILC).

Wie das Statistische Bundesamt (*Destatis*) weiter mitteilt, lag der Anteil armer oder sozial ausgegrenzter Menschen in der gesamten Europäischen Union im betrachteten Zeitraum stets deutlich höher als in Deutschland (2015: 23,7 %)."

Dazu muss man allerdings erwidern, dass man bei einem Armutsvergleich Deutschland und die EU die u.a. mit hohen Arbeitslosenzahlen belasteten Länder wie z.B. Frankreich, Portugal, Spanien

---

[86] Stat. Bundesamt, Pressemitteilung Nr. 391
     vom 03.11.2016 /
     www.destatis.de/DE/PresseService/Presse/Pressemitteilu
     ngen/2016/11/PD16_391_634.html;jsessionid=B99A15
     C112B77961030316C6299CD980.cae4.

und Griechenland einbezieht, die natürlich den „deutlich höheren" Prozentsatz der EU bewirken. Immerhin besagen die Daten von *Destatis*, dass sich seit 2008 über 8 Jahre hinweg nichts verbessert hat und das bei durchwegs „boomender" Wirtschaft!
Die Deutsche Presseagentur (dpa) zitiert das Europäische Statistikamt ‚Eurostat' mit der Überschrift „Alt und abgehängt": „Insgesamt ist […] jeder Fünfte in Deutschland von Armut oder sozialer Ausgrenzung bedroht. Dieser Wert schwankte seit 2010 zwischen 19,6 und 20,6 Prozent"[87]
FAZIT: selbst nach unterschiedlichen Berechnungen bleibt als Ergebnis, dass auch noch in 2017 mindestens jeder 5. Deutsche als „arm" zu bezeichnen ist.

Mit über eineinhalb Jahren Verspätung hat das Kabinett der großen Koalition im April 2017 den „Armuts- und Reichtumsbericht" vorgelegt. Schon im Vorfeld dieses mit „Rekordverspätung von anderthalb Jahren" vorgelegten Berichts wurde von „Zensur" durch die Ressorts gesprochen und zahlreiche Belege dafür veröffentlicht. Die Deutsche Presseagentur schrieb zum Beispiel, dass sich in der ersten Fassung noch die inzwischen „kassierte" Aussage befand: „Personen mit geringerem Einkommen verzichten auf politische Partizipation, weil sie Erfahrungen machen, dass sich die Politik in

---

[87] dpa in NK v. 09.02.2017, S 1.

ihren Entscheidungen weniger an ihnen orientiert"[88]

Das für den Bericht verantwortliche Sozialministerium konterte: „ .es entspreche nicht nur dem Charakter von Ressortabstimmungen, dass in diesem Stadium Änderungen vorgenommen würden, es sei nachgerade ihr Ziel. Es handle sich um ein auch für andere Berichte und Gesetzentwürfe übliches Verfahren."[89]

Es ist evident, dass es sich insoweit nur um *formale* Erklärungen handelt, die zum inhaltlichen Vorwurf nicht Stellung nehmen, also zur Frage, ob der Satz zur „politischen Partizipation" zutrifft oder nicht.

Immerhin bleiben die Aussagen von der damaligen Sozialministerin Nahles zum Bericht bestehen: „Die unteren 40 Prozent der Beschäftigten haben 2015 real weniger verdient als Mitte der 90er Jahre". Die Ungleichheit in den Vermögen habe sich durch die positive wirtschaftliche Entwicklung nicht wirklich verändert. „Der Bericht zeigt uns, dass es eine *verfestigte* Ungleichheit bei den Vermögen gibt. Die reichsten zehn Prozent der Haushalte besitzen mehr als die Hälfte des gesamten Nettovermögens. Die untere Hälfte nur ein Prozent".[90]

---

[88] dpa in NK v. 16.12.2016, S 9.
[89] FN 88.
[90] Die Zeit online v. 12. April 2017-
    http://www.zeit.de/politik/deutschland/2017-04/andrea-nahles-armutsbericht-2017-loehne.

Der Armutsforscher Christoph Butterwegge wirft
der Bundesregierung „Schönfärberei" vor und
kritisiert, die Regierung wolle den Bericht nutzen,
um den Wählern ihre bisherige Politik als
„Erfolgsgeschichte zu verkaufen, um Sand in die
Augen zu streuen, statt ehrlich die vorhandenen
Probleme aufzulisten". Butterwegge verweist auf
die Streichungen beim ersten Entwurf schon beim
Armutsbericht 2012 (Schwarz-gelbe Koalition,
Intervention des damaligen FDP-Wirtschafts-
ministers), erhebt erneut den Zensurvorwurf und
formuliert konkret:

„Um eine nationale Debatte über die Kluft
zwischen Arm und Reich in Gang zu setzen und
politische Gegenmaßnahmen anzustoßen, müsste
die Regierung in ihrem Bericht einräumen, dass
die soziale Spaltung aus einer Zangenbewegung
resultiert: Denen "da unten" wurde seit der
Jahrtausendwende mehr Druck gemacht, die "da
oben" wurden langfristig entlastet. Einerseits
lockerte die Regierung den Kündigungsschutz,
liberalisierte die Leiharbeit, führte Mini- und
Midijobs ein und erleichterte Teilzeit-, Werk- und
Honorarverträge. Andererseits wurde die Gruppe
der Wohlhabenden über Jahrzehnte hinweg von
Regulierungen, Steuern und (Sozial-)Abgaben
befreit.
Das hatte zwangsläufig zur Folge, dass die
Reichen reicher und die Armen zahlreicher
wurden. Der fünfte Armuts- und Reichtumsbericht gleicht angesichts dieser Tendenz zur
sozialen Spaltung einer Beruhigungspille…."

Zusammenfassend sieht er heute das „Kardinalproblem der Gesellschaft" wie folgt:

„Vielerorts gehören Menschen, die in Müllcontainern nach Pfandflaschen suchen, heute zum Stadtbild. In manchen Ballungsgebieten der Bundesrepublik gefährden drastisch steigende Mieten und Energiepreise sogar den Lebensstandard von Normalverdienern. Sie verstärken die Angst vieler Mittelschichtangehöriger vor dem sozialen Abstieg. Die zerrissene Republik bietet rechten Populisten einen günstigen Nährboden. Sie haben es leicht, nationale Nestwärme als Ersatz für soziale Kälte und kleinbürgerliche Existenzsorgen anzubieten.
Trotz zahlloser Statistiken und informativer Schaubilder enttäuscht der fünfte Armuts- und Reichtumsbericht all jene, die von ihm Handlungsempfehlungen für die Regierungsarbeit erwartet hatten. Denn er dokumentiert, dass die soziale Ungleichheit in Deutschland wächst, ohne dass die Entscheidungsträger des Staates dies als *Kardinalproblem* der Gesellschaft wahrzunehmen oder zu bekämpfen bereit sind…"[91]

Mit den „rechten Populisten" sollte er sechs Monate später bei den Wahlen zum Bundestag recht behalten. Die AfD kam mit rund 12 Prozent auf Anhieb in den Bundestag. Im übrigen gab es so gut wie keine Resonanz von regierungs-

---

[91] Prof. Dr. Ch.Butterwegge, Prof für Politikwissenschaft an der Universität zu Köln, in ZEIT online: „Armutsbericht: zensiert und geschönt" v. 12. 04. 2017 - http://www.zeit.de/politik/deutschland/2017-04/armutsbericht-grosse-koalition-schoenung-kritik.

politischer Seite, als auch geringe Medien-Resonanz zu seiner Haltung, wie es sie (leider) generell gering zu sozialpolitischen Thesen der „Linken" gibt. Wer laut Parteiprogramm für die Majorität inakzeptable Forderungen wie den Nato-Austritt, den Ausstieg aus der EU oder ein Verbot des Auslandseinsatzes der Bundeswehr stellt, dem verweigert der Voreingenommene oder „Kurzsichtige" nur allzu leicht jede Art von Differenzierung gegenüber eben auch wohl-begründeten Sozialforderungen, nur weil sie von einer Oppositionspartei erhoben werden. Leider hat unser Demokratieverständnis schon so weit abgenommen, dass die Herkunft eines Antrags, nicht aber der Inhalt entscheidet.

Prof. Butterwegge kandidierte im Februar 2017 übrigens für die Linkspartei bei der Bundes-präsidentenwahl.

Zum Grundthema „Armut" sagen auch die Zahlen der Bundesagentur für Arbeit, dass in Deutschland über zwei Millionen Minderjährige auf staatliche Grundsicherung (Hartz IV) angewiesen seien. Ende 2016 lebten 2.003.805 Kinder und Jugendliche unter 18 Jahren in Bedarfsgemeinschaften. „Trotz des anhaltenden Wirtschaftsaufschwungs waren das dem Bericht zufolge 3,23 Prozent mehr als 2015."[92]

Interessante Einblicke gewinnt man aber auch von anderer Seite zum „Armuts-Problem". So

---

[92] Elmar Schatz in Nordbayer. Kurier v. 18.04.2017, S.1: „Jugendarmut nimmt zu".

berichtete dpa schon Anfang 2015[93] über die Erkenntnisse der britischen Wohlfahrtsorganisation Oxfam. Bereits 2014 hätten gerade mal 1 Prozent der Weltbevölkerung 48 % des (Welt-) Vermögens besessen und es sei damit zu rechnen, dass in 2016 ein Prozent der Weltbevölkerung so viel Vermögen anhäufen würden wie die restlichen 99 % der Weltbevölkerung zusammen. „Der weltweite Wohlstand ist zunehmend auf eine kleine Elite konzentriert" sagt Oxfam. Und dass sie in ihrer Beurteilung damals nicht falsch lagen, belegen ihre Erkenntnisse aus 2017, denen zufolge laut afp acht superreiche Milliardäre derzeit über ein „größeres Vermögen verfügen, als die gesamte ärmere Hälfte der Weltbevölkerung"[94]

Der „Global Wealth Report 2016" der Allianz sah die Entwicklung gleichermaßen: „Die Zahl der Reichen nimmt weltweit zu – gleichzeitig werden Reiche immer reicher."[95]

Nach dem letzten „Armuts- und Reichtumsbericht" baut sich Vermögen hauptsächlich durch Erbschaften und Schenkungen sowie durch Unternehmertum auf. Unter dem Titel „Reichtum wird vor allem vererbt und verschenkt" beziffert dpa[96] das

---

[93] dpa in NK v. 20. Jan. 2015, S.5.

[94] Agence France Press (afp) in NK v. 16. Jan. 2017, S.6 (die Milliardäre werden dort genannt).

[95] Zeit Online v. 21. Sept. 2016, „Reiche werden reicher und immer mehr", http://www.zeit.de/wirtschaft/2016-09/global-wealth-report-vermoegen-ungleichheit-allianz. / vgl. auch FN 100.

[96] dpa in NK v. 14.12.2016, S.5.

Volumen für Erbschaften und Vermächtnissen bereits 2014 mit knapp 40 Milliarden Euro (2007 noch unter 22 Mrd.). Die Schenkungen stiegen von knapp 13 Milliarden (2007) auf über 70 Milliarden, „Vermutlich wohl auch, weil die Menschen Folgen der erwarteten Erbschaftssteuerreform vermeiden wollten."

Die Langzeitfolgen dieser Ungleichgewichte kann sich eigentlich jeder ausrechnen. Ein Kommentator[97] brachte sie auf den Punkt: „Dass Geld nicht glücklich macht, ist da nur ein schwacher Trost. Auch in Deutschland gibt es gewaltige Unterschiede zwischen Arm und Reich, *die aber im Vergleich zu vielen anderen Ländern weniger auffallen, weil es den meisten Deutschen relativ gut geht*". Es gebe nicht wenige Schwächen des Systems, welche die Solidarität der Gesellschaft untergraben und dazu gehörten auch Steuerflucht und Steuervermeidung, „mit denen sich Millionäre und Milliardäre ihren Verpflichtungen entziehen. Oder Lobbyisten, die mit viel Geld im Rücken am Wähler vorbei Politik betreiben, und warum ein Automanager ein zweistelliges Millionengehalt im Jahr bekommen muss, versteht auch kaum jemand. Das zerstört Vertrauen in die Eliten in Politik und Wirtschaft."

Gesine Schwan[98] schreibt zum Thema „Durchsetzung der Gerechtigkeit auf nationaler Ebene":

---

[97] Roland Töpfer im NK v. 20.Jan.2015, S.2: „Immer reicher".

[98] Gesine Schwan, Vorsitzende d. SPD-Grundwertekommission, bis 1995 Professorin für Politikwissenschaft am Otto-Suhr-Institut der Freien

„Angesichts der verheerenden Schäden, die die zunehmenden Gegensätze zwischen Arm und Reich nicht nur an der Gerechtigkeit, sondern auch an der Stabilität der Finanzmärkte und überhaupt unserer globalen Wirtschaft anrichten, ist die Forderung nach Umverteilung und entsprechenden Steuerreformen richtig und fällig. Wo Schuldner sind, sind auch Gläubiger."

Sind das klassenkämpferische Töne oder nach-Vollziehbare Wertungen aufgrund der Fakten, deren Existenz „verantwortet" sein will?

Trotz der großen Mehrheiten, die in den beiden letzten Legislaturperioden der Großen Koalition gegeben waren, hat man es nicht geschafft, zum Beispiel das Steuer- und Steuererhebungssystem zu renovieren, Subventionen abzubauen oder das Wahlverfahrensrecht zu überarbeiten, so dass wir uns jetzt wegen der Überhangmandate 709 BT-Abgeordnete für rund 82 Millionen Einwohnern *„leisten"* müssen, während die Amerikaner bei 325 Millionen Einwohnern mit nur 435 stimmberechtigten Abgeordneten im Repräsentantenhaus auskommen. Selbst das Europäische Parlament, das eine EW-Zahl von knapp 500 Millionen repräsentiert, kommt mit 751 Abgeordneten aus.
Auch gab es mal einen als Steuerfachmann angesehenen Unionsfraktionschef Friedrich Merz,

---

Universität Berlin, bis 2008 Präsidentin der Europa-Universität Viadrina in Frankfurt (Oder) / in DIE ZEIT Nr. 21 v. 12.05.2016, S.9: „Wir sind die Völker".

der schon 2003 für ein Steuerkonzept warb, dessen Inhalt auf einem Bierdeckel untergebracht werden sollte, so dass jeder Bürger dort seine Einkommenssteuer hätte ausrechnen können. Erst recht nicht wurde von den großen Koalitionen überhaupt versucht, das Problem der sich ständig weiter öffnenden Schere zwischen Arm und Reich in Angriff zu nehmen. Zu der beispielhaften Aufzählung gehört auch, dass wir kaum Schulden zurückzahlen und der Öffentlichkeit mehr oder weniger stolz vorhalten, dass wir Jahr für Jahr haushaltsmäßig mit einer sogenannten „schwarzen Null" abschließen, was bedeutet, dass die Ausgaben die Einnahmen nicht übersteigen, was allerdings *nichts* mit „Schuldenabbau" zu tun hat. Natürlich ist es gegenwärtig wirtschaftlich sinnvoll, die Milliardenschulden der verschiedenen Haushalte zu nutzen, weil die Zinsverpflichtungen aufgrund der laufenden Geldpolitik der EZB gegen Null gehen. „Verantwortliche" müssen sich allerdings die Frage stellten lassen, wann und welche Generation Schuldentilgung betreiben soll, wenn nicht wir in einer wirtschaftlichen Hausse, die bei uns seit 10 Jahren anhält? Man vergleiche nur den laufenden Anstieg des Bruttoinlandproduktes.

Weil wir es „hinnehmen" würden, dass in allen Ländern die Ungleichheit der Einkommens- verhältnisse zunehmen, seien wir auf dem „Weg in die Plutokratie" sagt Branko Milanovic´ in DIE ZEIT.[99] In den USA habe die wachsende

---

[99] Milanovic´ in Die Zeit Nr. 21 v. 12.05.2016, S. 19. „Auf dem Weg in die Plutokratie". / Der von der ZEIT als

Ungleichheit bereits ein Ausmaß erreicht, „das wichtige Errungenschaften gefährdet." Er vertritt die Ansicht, dass „Wenn Normalverdienern der Zugang zu einer guten Ausbildung versperrt wird, weil sie sich den Besuch einer Universität nicht leisten können, wenn Superreiche mit ihrem Geld die politische Agenda beeinflussen, dann sind das Merkmale einer plutokratischen Herrschaft, deren Stabilität sich nur durch einen immer *größeren Sicherheitsapparat* aufrechterhalten lässt."

Nach diesen Ausführungen wird es nicht überraschen, dass sich aus dem „World Wealth Report 2016" der Unternehmensberatung Capgemini, Frankfurt,[100] der sich seit 20 Jahren auf umfangreiche statistische Daten stützt, ergibt: „Die Zahl der Millionäre in Deutschland ist im vergangenen Jahr (2015) um 5,1 Prozent auf 1.198.700 gestiegen. Damit gehört Deutschland neben den Vereinigten Staaten, Japan und China zu den vier Ländern mit den meisten Millionären auf der Welt und hatte auch im globalen Vergleich überdurchschnittliche Zuwächse."

Welcher Kontrast ergibt sich aber daraus für die neuen Daten des Europäischen Statistikamtes

---

„Starökonom" und „führender Ungleichheitsforscher" Bezeichnete arbeitete viele Jahre f.d. Weltbank lehrt heute an Universitäten in New York.

[100] Ch. Seidenbiedel zum „World Wealth Report 2016" FAZ v. 23.06.2016, http://www.faz.net/aktuell/wirtschaft/arm-und-reich/world-wealth-report-fast-1-2-millionen-millionaere-in-deutschland-14303348.html?printPagedArticle=true#pageIndex_0

EUROSTAT,[101] denen zufolge schon im Jahr 2015 von allen Menschen über 55 Jahre in Deutschland 20,8 Prozent, demnach jeder Fünfte, „von Armut oder sozialer Ausgrenzung bedroht" waren, wobei dieser Wert in 2006 noch bei 18,2 Prozent lag. Welcher Kontrast ergibt sich auch aus den jüngsten Meldungen zur Armut! Die Studie der Bertelsmann-Stiftung[102] ergab, dass „mehr als jedes fünfte Kind in Deutschland länger als fünf Jahre in armen Verhältnissen" lebt und bestätigt im Übrigen nur gleiche, bereits zitierte Aussagen.

Dieser Problematik mit einschneidenden Maßnahmen zu begegnen, gelingt in einer Demokratie nur bei ausreichenden Mehrheiten. Die „großen Koalitionen" waren selbst in drei Legislaturperioden dazu nicht fähig. und die „Verantwortung", die sich nach Art. 56 und Art. 64 GG aus der Eidesformel für die Mitglieder der Bundesregierung ergibt, nämlich „Ich schwöre, dass ich meine Kraft dem Wohle des deutschen Volkes widmen, seinen Nutzen mehren, Schaden von ihm wenden, das Grundgesetz und die Gesetze des Bundes wahren und verteidigen, meine Pflichten gewissenhaft erfüllen und Gerechtigkeit gegen jedermann üben werde. (So wahr mir Gott helfe.)", wurde über die Jahre bei

---

[101] dpa in NK v. 09.02.2017, S. 1.
[102] dpa in NK v. 24.10.2017, S.1 (Armutsgefährdet sind Kinder, die in einem Haushalt leben, der über weniger als 60 % des durchschnittlichen Haushalts-Netto-Einkommens verfügen kann oder vom Staat eine Grundsicherung erhält).

boomender Wirtschaft insoweit einfach nicht wahrgenommen, insbesondere mit Blick auf die künftigen Generationen.

Nochmals: vergleicht man 2017 die Gesamtverschuldung der Bundesrepublik, die Ende 2016 insgesamt 2007 Mrd. € betrug[103] und damit eine Schuldenquote (das Verhältnis der Schulden zum Bruttoinlandsprodukt von 3144,06 Mrd. €[104]) von rund 63,8 % aufwies mit den Zahlen von 2012 (vgl. Abschnitt oben V), nämlich 2065 Milliarden Schulden bei einem BIP von 2758,26 Mrd., ergibt sich ein Schuldenstand von nahezu 74,9 %. Das bedeutet, dass innerhalb eines 4-Jahreszeitraums diese Verbesserung der Quote *kaum* durch einen Schuldenabbau erfolgt ist (er beläuft sich in den 4 Jahren *nur* auf 2,8 %) sondern die in 2016 günstigere Schuldenquote geht *fast ausschließlich* auf den Anstieg des Bruttoinlandproduktes (plus 14 %) zurück. Und dabei hätte es seit 2014 unmittelbar greifbare Mittel, nämlich Haushaltsüberschüsse gegeben (das sind

---

[103] Jeweils lt.Statista:
https://www.bing.com/search?q=statista.com%2Fstatisti k%2Fdaten%2Fstudie%2F154798%2Fumfrage%2Fdeut sche-staatsverschuldung-seit-2003%2F- ++&qs=n&form=QBLH&pc=COSP&sp=- 1&pq=statista.com%2Fstatistik%2Fdaten%2Fstudie%2F 154798%2Fumfrage%2Fdeutsche-staatsverschuldung- seit-2003%2F-+&sc=0- 91&sk=&cvid=A7723F95F57C4CE6A75BB5DB40BB6 AA4.

[104] https://de.statista.com/statistik/daten /studie/1251 /um frage/entwicklung-des-bruttoinlandsprodukts-seit-dem- jahr-1991/

unverplante Beträge um die die Einnahmen die Ausgaben innerhalb einer Volkswirtschaft und innerhalb eines bestimmten Zeitraums übersteigen), Schulden spürbar abzubauen:
2014 erzielte man 18 Mrd. Euro, im Jahr 2015 waren es 19,4 Mrd. Euro und für 2016 hat die BRD 23,7 Mrd. Euro mehr eingenommen, als ausgegeben. Darüber hinaus zeigt auch für 2017 mit 39 Mrd. Euro,[105] dass die Tendenz anhält (Neuere Zahlen standen bei Drucklegung noch nicht z. Vfgg.). Das ergibt von 2014 bis 2017 einen Gesamtbetrag von über 100 Mrd. Euro.

---

[105] Für 2014: destatis Pressemitteilung Nr. 062
vom 24.02.2015 /
https://www.destatis.de/DE/PresseService/Presse/Press
emitteilugen/2015/02/
PD15_062_813.html
Für 2015: Destatis, Pressemitteilung Nr. 057
vom 23.02.2016 /
https://www.destatis.de/DE/PresseService/Presse/Press
emitteilungen/2016/02/
PD16_057_813.html
Für 2016: Pressemitteilung Nr. 063 vom 23.02.2017
https//:www
.destatis.de/DE/PresseService/Presse/Pressemit-
teilungen/2017/02/PD17_063_813.html
Für 2017: FAZ 11.01.2018-„Haushaltsüberschuss
wird größer" 1,2 % vom BIP (3.263 Mrd.) =
rd. 39 Mrd. € http://www.faz.net/aktuell/wirtschaft/
deutsche-konjunktur-haushaltsueberschuss-
wird-groesser-15386496.html

Diese Entwicklung wird anhalten, da sind sich viele Ökonomen einig." schrieb DIE ZEIT schon im Jahr 2016[106]

Natürlich wird kein Kaufmann einen „billigen" Kredit vorzeitig zurückzahlen. Er wird ihn nutzen solange es geht. Wie alle unverplanten Haushaltsmittel wecken auch Haushaltsüberschüsse Begehrlichkeiten, nicht nur vor BT-Wahlen, und es ist ja vordergründig nicht falsch, sie für Investitionen in Ausbildung und Forschung, in Integrationsvorhaben für das Flüchtlingsproblem in Deutschland einzusetzen oder in den sozialen Wohnungsbau usf. - sinnvolle Ziele sind zahlreich. Aber wo bleibt da die angebliche „*Verantwortung*" angesichts der anhaltenden und seit Jahren bestehenden Hochkonjunktur mit Blick auf die Generationen nach uns? Man kann es auch schärfer ausdrücken: wir leben im Jetzt ausgesprochen gut, aber zugleich zu Lasten unserer Nachkommen, welche irgendwann diese Schulden zu begleichen oder eben keinen Spielraum mehr haben werden, im Notfall weitere Schulden aufzunehmen.
Am 2. Februar 2017 zitiert Zeit-Online Jens Spahn (Mitglied im Präsidium der CDU u. Finanzstaatsekretär bei BFM Schäuble), in der ersten Februarwoche mit den Worten: „Angesichts der guten Konjunktur und ständig

---

[106] ZEIT-Online v. 25. August 2016 /
http://www.zeit.de/wirtschaft/2016-
08/haushaltsueberschuss-deutschland-steuern-geld-
anwendung .

steigender Steuereinnahmen müsste selbst der „linkeste Keynesianer" erkennen, dass nun die Zeit gekommen sei, endlich mal Schulden zurückzuzahlen."[107]

Wenn man sich mit der sogenannten „Verantwortung in der Wirtschaft" und mit Wirtschaftsethik befasst, kommt man nicht umhin, sich die beiden großen Skandale von 2016 / 2017 näher anzusehen, die mit den Begriffen „Panama-Papers" und „Paradise Papers" umschrieben werden. Dabei geht es einmal um Steuerflucht betuchter Individuen und Unternehmen, also kriminelles Handeln (solches Verhalten hatten wir auch früher schon), und andererseits um Steuervermeidung, bei der meist größere Unternehmen jetzt die international unterschiedliche Steuergesetzgebung nutzen, was bis dato legal ist. Es wird nur allzu deutlich dabei, dass es die EU nicht schafft, einheitliche Besteuerungssätze für Unternehmen in ihren Mitgliedsländern zu vereinbaren. In der Folge verlegen große Unternehmen wie Ikea, Apple, Airbus und viele andere ihren Hauptsitz (an den die Gewinne über teils komplizierte Rechtswege transferiert werden) in EU-Länder, die günstigere Besteuerungssysteme anbieten, als jene Länder, in denen die Produktions- oder Dienstleistungsstätten die Infrastruktur nur allzu gern voll nutzen. Die Profitgier beschränken diese Leute nicht mehr nur auf den Gewinn, den der

---

[107] http://www.zeit.de/2017/04/haushaltsueberschuss-spd-csu-steuern-foerderungen - 02.02.2017.

Markt für ihre Produkte und Dienstleistungen zulässt, sondern suchen nach Wegen, durch Steuervermeidung Gewinne zu ziehen, wofür nicht selten große Abteilungen mit zahlreichen Mitarbeitern eingesetzt werden.

Wenn man sich zusammenfassend die Litanei der Lügen, der Unterlassungen, der leider alles dominierenden Profitgier, der Vorurteile und Kompromissunfähigkeiten, der Voreingenommenheit und Bereitschaft zur Ausgrenzung in diesem Land anschaut, dann scheint die Präambel in unserem Grundgesetz so gut wie vergessen zu sein. Das Bewusstsein seiner „Verantwortung" vor Gott und den Menschen.

Es geht sehr vielen von uns recht gut, aber fast einem Viertel der Bevölkerung geht es eben nicht gut. Wer trägt dafür die „Verantwortung" oder ist es eher Zuständigkeit und Schuld?

 Für manche Leser könnten die inhaltlich wiederkehrenden Aufzählungen samt der unterschiedlichen Fundstellen langweilig wirken. Das wäre auch verständlich, vor allem weil sie sich immer aufs Neue fortsetzen lassen. Sogar weit über das Jahr 2018 hinaus wäre das zu erwarten. Und, nachdem unsere wirtschaftliche Hausse sicher nicht „ewig" halten wird, kann man durchaus mit einer Verschärfung jener „Schere Arm/Reich" rechnen.
Aber wenn man heutzutage das Handelsblatt mit der Überschrift „Familie Quandt verdient drei

Millionen *pro Tag*" liest[108] im Vergleich zur laufend dokumentierten Größenordnung, nach der fast ein Viertel unserer Bevölkerung eher zunehmend denn abnehmend in Armut lebt oder von Armut bedroht ist, könnte die eventuelle Langeweile der Frage weichen: „Stimmen unsere Wertvorstellungen bei unseren politischen Vertretern überhaupt noch?" Oder: „Wenn es denn „Verantwortung" geben soll, wo finde ich sie und wie sieht sie aus?"

Wenn zur gleichen Zeit der Regierung noch gravierende handwerkliche Fehler unterlaufen, z.B. dass eine Kindergelderhöhung von 28 € an den „Ärmsten der Armen", nämlich den alleinerziehenden Hartz-IV-Empfängern total vorbeigeht, weil der Betrag angerechnet wird, dann nimmt man wohl insgesamt in Kauf, dass sich Armut von Generation zu Generation „verantwortungslos" fortsetzt. So stehen jeden-falls die Zeichen.

Das Plädoyer lautet nicht, dass die alte Frage „Kapital gegen Arbeit" gelöst werden soll, hier geht es mit den Belegen nur darum,

---

[108] Handelsblatt v. 21. 03.2018 (Susanne Klatten mit 20,9 % Anteile = 504 Mio € / Stefan Quandt mit 25,8 % Anteile = 622 Mio €) -
http://www.handelsblatt.com/unternehmen/industrie/bm w-grossaktionaere-familie-quandt-verdient-drei-millionen-euro-pro-tag/21096174.html.
NACHTRAG: Das Statistische Bundesamt (früher häufig als StatBA abgekürzt, heute oft auch als Destatis) ist eine deutsche Bundesoberbehörde im Geschäfts-bereich des Bundesministeriums des Innern.

nachzuweisen, dass auch nach drei „Großen Koalitionen" mit den entsprechenden Mehrheiten das Problem „Armut in Deutschland" nicht verringert wurde. Zeitgenossen, die solche Ergebnisse mit den Worten abtun: „Das war schon immer so" oder „Da kann man nichts machen" oder „Die da Oben wissen schon, wen sie vergessen können" vergessen ihrerseits, dass sie wählen dürfen. Sind sie „zuständig" oder „verantwortlich"?

In ein paar Jahren, wenn sich die gegenwärtige Alterspyramide auswirkt und weit überproportional viele Menschen in Rente gehen, werden sie erkennen, dass dieser vorwurfsvolle Text seine Begründung hatte und man wird vergeblich nach „Verantwortlichen" suchen.

Vereinfacht zusammengefasst: wenn beim Begriff „Verantwortung" das „Dafür-Gerade-Stehen, die Wiedergutmachung und Haftung" ausgeblendet bleiben, verdient der Begriff keine Ehrfurcht mehr und schrumpft auf den Begriff „Zuständigkeit". Man muss dem Bürger zeigen und erklären, was unter „Verantwortung" *wirklich* zu verstehen ist, um den einfachen, verkürzten und daher falschen Antworten der Populisten und Opportunisten zu begegnen, die vielen leeren „Sprechblasen" vorzuführen und das zum Verständnis auf dem jeweils vorhandenem intellektuellen Niveau!

87